ボルネオから琉球へ

白人王国と日本人開拓者たち

有馬光正

元就出版社

まえがき

平成四年から平成九年までの五年間、ボルネオ島のマレーシア領サラワク州の首都クチンに滞在していた。そこで日本の政府開発援助の一つである、サラワク総合病院の救急医療プロジェクトに事務担当として関わることになった。

この病院では、事務棟の一階に我々のプロジェクト事務所が与えられた。

この病院の敷地に隣接していたのが、当時マラヤ大学名誉教授の荘《チョン》先生の邸宅であった。

このプロジェクトでは、日本から派遣された医師、看護師、医療技術者が常時活動していて、我々の事務所に荘先生がよく来訪され、我々と流暢な日本語で歓談されていた。

時には、我々が荘先生宅に招かれて奥さまの手料理になる中華料理をご馳走になったが、それも一度や二度ではなかった。

そんなある日、荘先生から渡されたのが、全部で約二〇〇ページをコピーされた『依岡省三伝』であった。昭和一〇年一二月発行で著者は「岡成志」氏である。

それは、荘先生が昔、付き合いのあった日本人から譲り受けたものだという。

私は、そのコピーによってはじめて依岡省三という人物を知った。サマラハンという地にある依岡神社にも訪れた。そして、いつかサラワクのことを書いてみようと思った。

それから約三〇年が過ぎて、平成の世から令和の御世に入り、ようやくその想いが実現した。

地球上が、西洋列強による植民地争奪戦の最盛期の一九世紀の半ば、熱帯の原生林のボルネオ島に、白人王国は忽然と誕生し、現地住民の宗教をはじめ、慣習・文化を最大限尊重した統治を行なった。

これは日清戦争後に台湾を、また日露戦争後に朝鮮半島を併合し統治した日本の植民地行政に関して記した書籍は数多いが、その日本の統治時代を彷彿とさせるような原住民のための統治であった。無論、個人的と国家的財政規模などの違いはあるが「原住民のために」という理念が一致している。

西洋諸国の植民地統治は、宗主国のためだけに搾取や収奪が行なわれ、原住民にとっての社会基盤の整備は殆ど行なわれないのが常であった時代である。

また、日本国内ではキリスト教の布教によっても、キリスト教信者は徳川幕府時代には迫害に遭う前の人口比で約一パーセントであったが、ほぼ五〇〇年後の現在に至ってもその比率は変わらない。なぜか。

インドネシア語の「チャンプール」がそのまま沖縄方言として残っていることからも明らかなように、ボルネオ島近海からフィリピン諸島、尖閣諸島、南西諸島を経て、日本列島沿岸に流れる黒潮海流は、琉球王国時代の大交易航路と重なり黒潮文化圏を構成する。
過去五〇〇年間に西欧列強諸国が潮のように黒潮文化圏に競って侵入してきてはじめてこの文化圏の開拓を始めた明治の日本人たちの熱い想いを学びたい。

令和二年一二月

有馬光正

【ボルネオから琉球へ／目次】

【一六～一七世紀キリシタン関係】

一五四九（天文一八）年　イエズス会ザビエル、鹿児島に上陸、布教を始める
一五五一　ザビエル上洛し戦乱による荒廃を観て後、インドに向かう
一五六九（永禄一二）年　フロイス、二条城で信長に拝謁
一五七〇（元亀元）年　スペイン、マニラを占領
一五七一（元亀二）年　信長、比叡山の焼き討ち、堂、塔焼失
一五八〇　キリシタン総数一〇万人超えイエズス会会員六〇名
一五八二（天正一〇）年　二月、ヴァリヤーニ率いる遣欧使節長崎を出港
　六月、本能寺の変
一五八七　秀吉、バテレン追放令を公布
一六〇〇（慶長五）年　関ヶ原の戦い
一六〇三　袋中上人、琉球に渡る
一六〇九　薩摩藩、琉球へ侵攻
一六一二（慶長一七）年　徳川幕府、キリシタン禁教令を公布
一六一三（慶長一八）年　支倉常長と少年使節ソテロとともに遣欧使節として東回りで出港
一六二四（寛永元）年　八重山キリシタン事件、ドミニコ会宣教師ルエダが八重山諸島に来航し、有力者本宮良に優遇される
一六三四（寛永一一）年　スペイン人が琉球海岸に漂着し、役人が調べた結果、宣教師でないことが判明し釈放
一六三六（寛永一三）年　ドミニコ会宣教師四名と日本人キリシタン三名、マニラより琉球に上陸、捕縛後、長崎で拷問の上、殉教す
一六九二　清朝がキリスト教を公認する

【一八～一九世紀外国船来航】

一七〇二年	英国の東インド会社、ブルネイに商館設立
一七八六	英国ペナン島占領、プリンスエドワード島と命名
一七九二	ロシア使節ラックスマン、根室へ来航
一七九五（寛政七）年	英国、マラッカをオランダより奪取
一七九六	英国人、室蘭へ来航
一七九七（寛政九）年	琉球宮古島八重瀬潟で英国船プロビデンス号沈没
一八〇四（文化元）年	ロシア使節レザノフ、長崎へ来航
一八〇六	ロシア船、樺太、択捉島襲撃（日本の通商拒絶後）
一八〇八（文化五）年	英国軍艦フェートン号長崎へ侵入し、オランダ出島襲撃
一八一六	バジル・ホール、英国軍艦ライラ号で那覇で四〇日間
一八一九（文政二）年	英国商船ブラザー号浦賀、琉球来航。英国、シンガポールを領有す
一八二五（文政八）年	異国船打ち払い令公布
一八二七	英国、軍艦ブロッサム号琉球へ寄港。小笠原諸島へも寄港し、英国領と宣言
一八三二（天保三）年	英国東インド会社ロードアーマスト号で宣教師ギュッツラフ、鎖国中のため入国できず
一八三七（天保八）年	前記ギュッツラフ、日本人漂流民七名とともに、米国船で那覇に入港、異国船打ち払い令実行され、砲撃される
一八四〇	第一次アヘン戦争始まる。英国輸送船インディアン・オーク号、琉球北谷沖で難破、住民により救助される
一八四四	フランス軍艦アルクメーヌ号で、宣教師フォルカード那覇に残留
一八四六（弘化三）年	英国船スターリング号那覇へ、ベッテルハイム一家で伝道生活
一八五三（嘉永六）年	ペリー米国軍艦で琉球に来航、浦賀、小笠原諸島へも

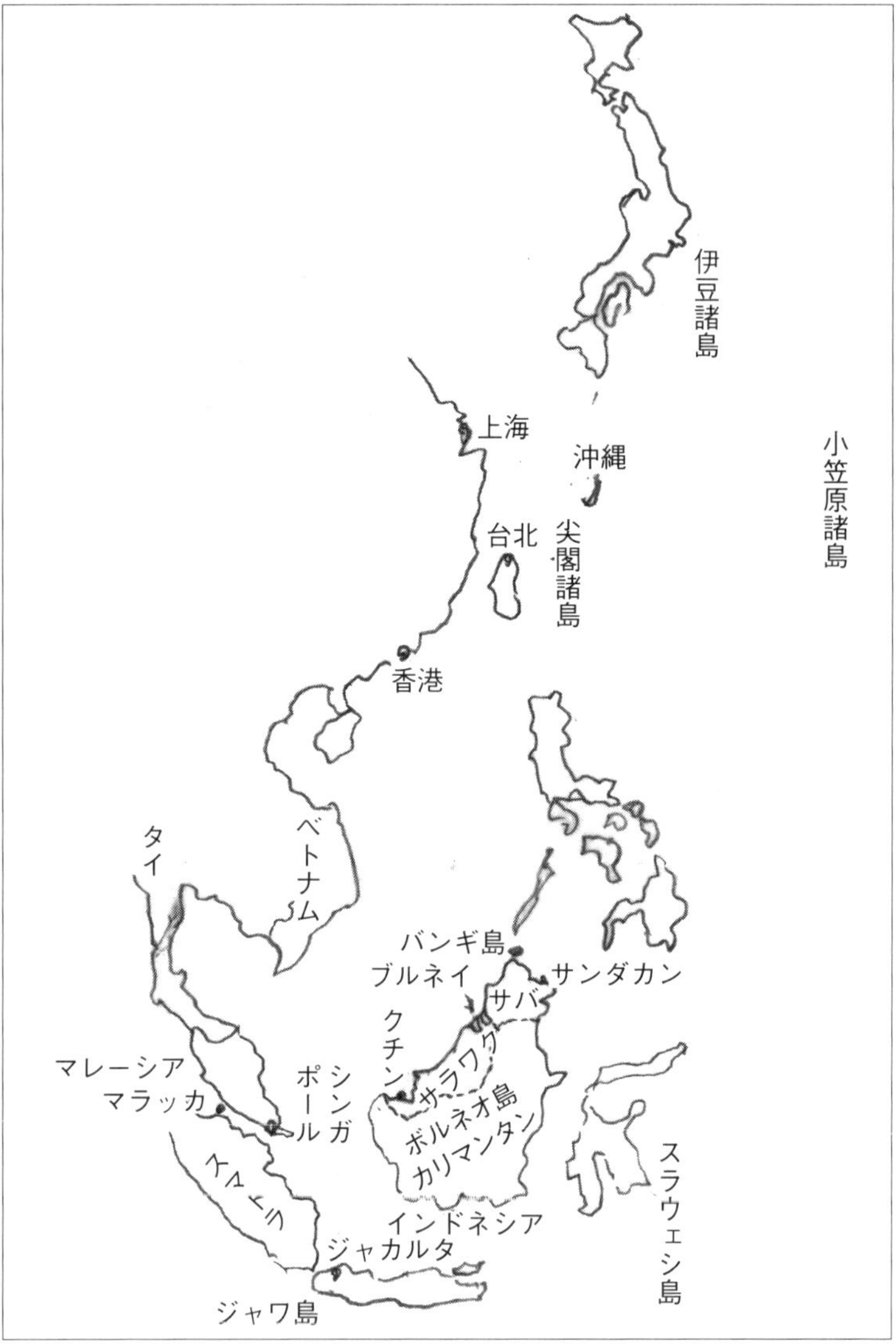
伊豆諸島
上海
沖縄
小笠原諸島
台北
尖閣諸島
香港
ベトナム
タイ
バンギ島
ブルネイ
サンダカン
サバ
クチン
サラワク
マレーシア
マラッカ
シンガポール
ボルネオ島
カリマンタン
スマトラ
インドネシア
ジャカルタ
ジャワ島
スラウェシ島

第一章　サラワクの歴史

マレーシア・サラワク州の首都クチン空港へ向けて機体が着陸態勢に入ると、眼下に広がる濃い緑の熱帯雨林の中を蛇のように曲がりくねった大河が横たわるのが目に入る。

南シナ海を挟んでマレー半島の東、インドシナ半島の南対岸にあるボルネオ島は、北部は現在、マレーシア領のサラワク州とサバ州で、その南はインドネシア領のカリマンタンである。

ジャワ島東部のシンゴサリ王朝を一三世紀末に元軍が侵攻した時に合わせて、ボルネオ島北部に華人が移住した。しかし、現在のサラワク州の州都クチン北部の沿岸から紀元前六〇〇年から西暦五八〇年代のシナ貨幣や、古代陶器が発掘されたことから考えると、古代から支那人が移住していたようである。

支那人に次いでボルネオに入ったのは、ジャワのシンゴサリ王朝を継いだマジャパヒット王国の人々だが、ジャワに見られるような寺院などは残されていない。

ただ、サラワク原住民のダイヤ族が祀るゼワタというサンスクリットの神に仏教の影響が

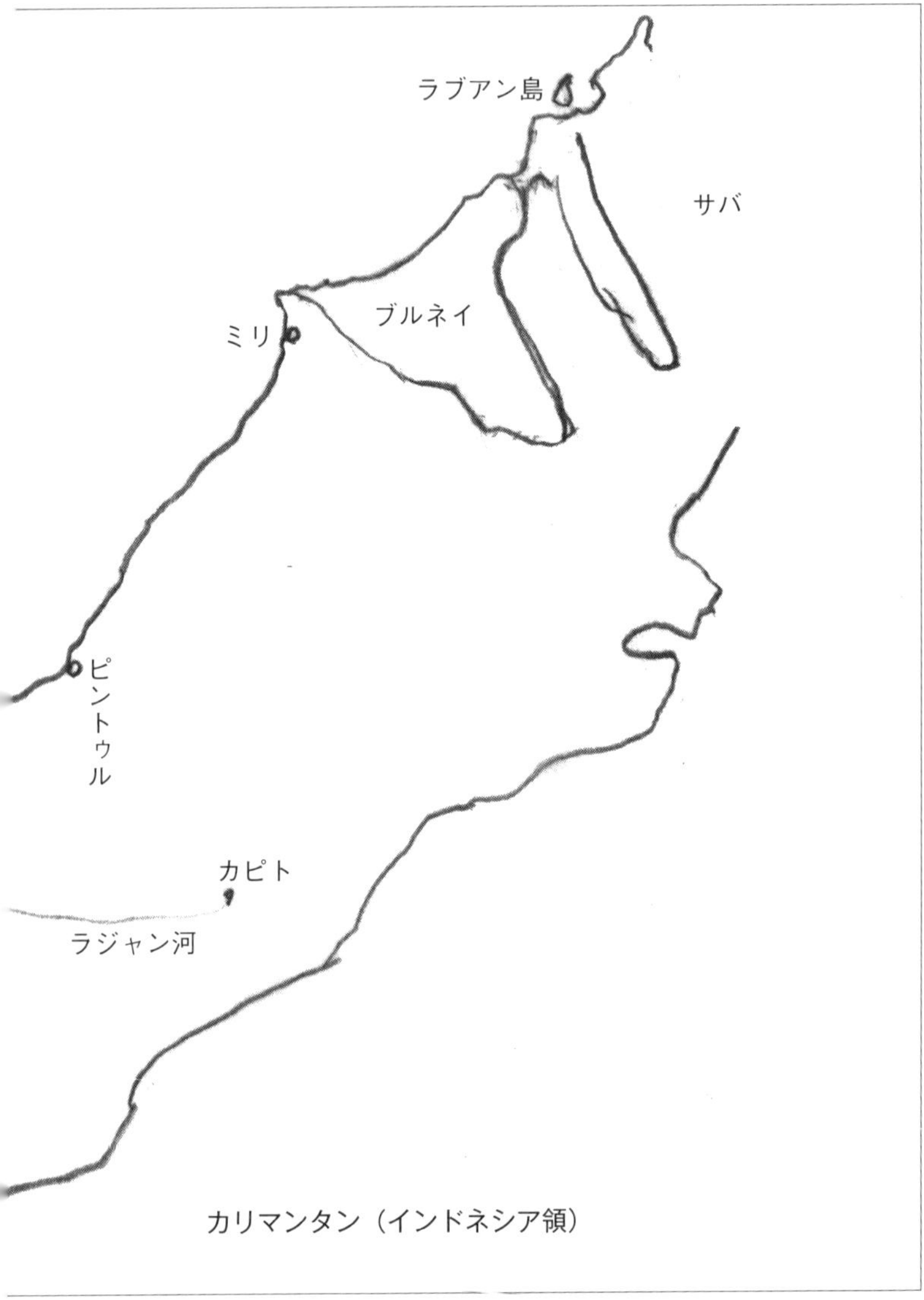
ラブアン島
サバ
ブルネイ
ミリ
ピントゥル
カピト
ラジャン河
カリマンタン（インドネシア領）

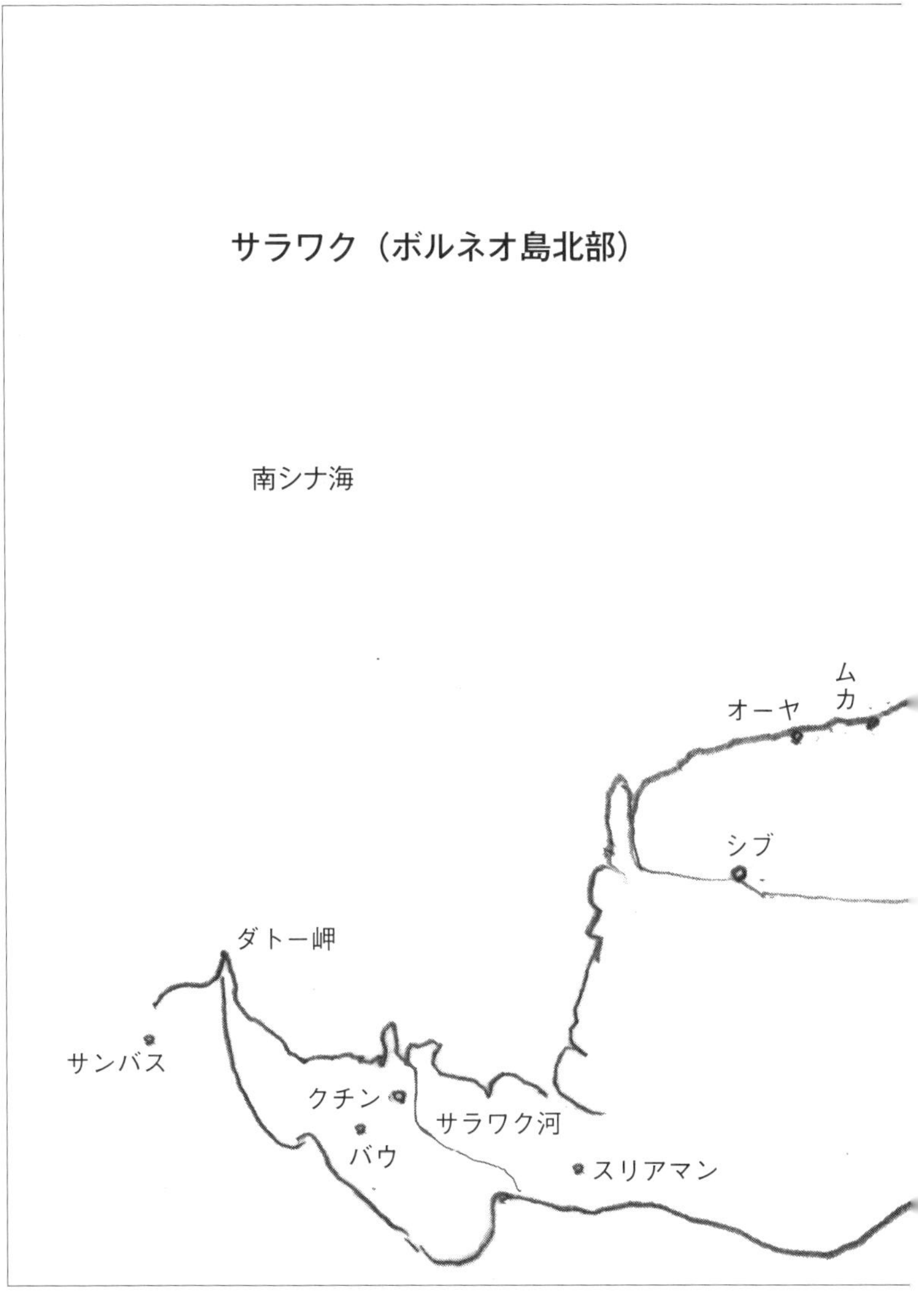
サラワク（ボルネオ島北部）
南シナ海
ムカ
オーヤ
シブ
ダトー岬
サンバス
クチン
バウ
サラワク河
スリアマン

伺える。マジャパヒット王国は一五二四年に回教徒のマレー人に滅ぼされた。マレー人はスマトラ、マラッカを経て、一二七六年回教徒になり、ボルネオ島に至りブルネイ王国を形成するようになった。

そのブルネイ王国の支配下にサンバス、サラワクなど各地のスルタン（イスラム王）がいて統治を委ねられていた。

一五二一年にスペイン人がブルネイに上陸し、次いでポルトガル人が五年後に入り、その三〇年後には商館を建ててキリスト教の布教を始めた。この当時スペインはフィリピンを既に植民地として領有してカトリック教会の布教のための活動拠点としていた。日本にも、この拠点から修道僧らが送り込まれたのもこの頃である。次章では、スペイン、ポルトガルなどが、ローマ教皇の先兵として日本でどのようにして布教を行なったか、を観てみたい。

一五七六年にブルネイに内乱が起きた際、スペイン人は反乱軍を援助したが、王政府軍はポルトガル人の支援を受けて、反乱軍を鎮圧した。

その後スペインは勢力を盛り返して一六四五年にブルネイを再び勢力下に置いた。英国人もその頃からボルネオに進出したが、いつもオランダ人に追い払われていた。オランダは一五八一年にスペインより独立して以降、アジアの拠点をポルトガルより奪って海外に進出していた。

また一七〇二年には、英国の東インド会社がブルネイにも商館を設け、胡椒《こしょう》など香料の交

1839年の首都クチン

易権を得た。
　ポルトガルが一時期スペインの支配下になるなど、この両国が衰退してゆく一方において、一七五六年に起きたプロシャとオーストリア間の七年戦争は、イギリス、フランス、ロシアをも巻き込み、北米大陸、インド大陸でのイギリス、フランス、オランダの植民地争奪戦の様相を呈していった。
　この戦いで英国が勝利した結果、大英帝国の発展につながり、ようやく南洋に進出する余裕ができたのである。
　その結果、英国は一七六三年にはスマトラのフランス人を駆逐して要塞を築き、一七八六年にはペナン島を占領してプリンス・エドワード島と命名し、一七九五年にはマラッカのオランダ人を追放して植民地とし貿易の拠点とした。その後、一八一一年にはジャワをもオランダから奪ったが、間もなく奪い返された。そして、一八一九年にはシンガポールを領有して英国のアジアでの拠点とした。

英国の東インド会社による商館が設立されて以降、次第に英国人の流入が増えたが、英国人の原住民に対する態度があまりにも高圧的であったために回教王スルタンが英国人を嫌い、代わってオランダ人がボルネオにおける商権を獲得していた。

また原住民の間では、少数のマレー人がもっとも勢力が強く、先住民族であるダイヤ族を虐めていた。ダイヤ族には陸ダイヤ族と海ダイヤ族の二種族があり、性格は正反対で海ダイヤは精悍で海賊を生業としていたが、いつもマレー人にいじめられていたのは陸ダイヤ族であった。

マレー人はいつでも勝手に陸ダイヤ族の家に入り込んでは何日も家人をこき使い、我が家のように振る舞い、出てゆくときはめぼしい家財があれば勝手に持ち出すほどであった。

第二章　ローマ・カトリック教会

科学技術の発展が世界に変革をもたらす、地球規模にも、そして一部地域にも。羅針盤や印刷機械の発明により、西洋から他地域への侵略がはじまる。

一四九二年といえば、コロンブスが新大陸アメリカを発見した年である。ローマ教皇の権威が高まり、教会は免罪符などを販売して経済的にも豊かになったローマ・カトリック教会の当時の二大強国はスペインとポルトガルであった。

羅針盤などが発明されて航海技術が発達した中世に、大航海時代を切り開いた西洋諸国の中でも争って植民地獲得に乗り出したのが両国であった。

一四九四年、ローマ教皇は、この二国の植民地獲得の争いを調整するために、大西洋上の子午線上に一線を定めて、航海領域条約（トルデシリアス条約）を両国の間に締結させたのである。これがコロンブスの米大陸発見の二年後で、この条約により、ブラジルはポルトガル領になった。

後の一九八二年の英国とアルゼンチン間のフォークランド紛争では、アルゼンチン側は領有の根拠として、このトルデシリアス条約を持ち出している。

この条約ではアジアにおける領域が不明瞭のため、両国は一五二九年にサラゴサ条約を結んで、スペインがフィリピンを、ポルトガルが日本を含むマカオ、ゴアなどに進出したのである。

不思議なことに、これらの人類史上すべての民族に大きな関わりをもつ問題に関して、いとも簡単に決定を下せる権限を誰がローマ教皇に与えたのか、そして、それに対して、誰も異論をはさまなかったのか。

地球上には多種多様な宗教を信奉する民族が混在する中、そのような重要案件をローマ・カトリック教皇だけの権限で決定することはできないはずである。


その頃、カトリック教会が権威を増すにつれ、聖職者や教会の腐敗・堕落が西洋各地で批判にさらされた。それに対して、ドイツではマルチン・ルターが宗教改革を提唱し、プロテスタントと呼ばれるイギリスの清教徒やフランスのカルビン派が生まれた。

また、英国のヘンリー八世はローマ教皇と離婚問題で対立して教会を破門され、英国国教会（アングリカン）を設立して自らがその首長となった。これに対してローマ教皇は反宗教改革を掲げ、イエズス会を設立し、ザビエルがアジアに宣教師として日本にも派遣されたのは、この時期である。

宗教改革から約一〇〇年後の一六三三年に、「天文学の父」と呼ばれるガリレオ・ガリレイが地動説を主張してローマ教会の宗教裁判にかけられた。異端審問所で終身刑に課せられたが、後に減刑された。

その宗教裁判の三四七年後の一九八〇年、ローマ法王はバチカン世界司教会議で、ガリレオに対する措置を見直す提案がなされたのである。

また、ローマ教会は十字軍遠征の頃、一二三〇年代から異端者迫害や魔女狩りをはじめ、ユダヤ人の迫害、虐殺が西洋諸国各国で行なわれ、ヒットラーのユダヤ人大量虐殺にも沈黙を保ったままであった。

だからこそ、西暦二〇〇〇年になって、ローマ法王がユダヤ民族迫害の歴史を謝罪せねばならぬ羽目になったのである。

また、旧教カトリックばかりでなく新教のプロテスタントでも、魔女裁判が西洋各国で一八世紀末まで続いた。

古代ローマでは、司教は聖職者や信徒によって選ばれ、中世の封建社会になると、領主は自分の領土内に教会を建て、自分で司教や聖職者を任命してきたため、任命権者としての教皇側と封建領主との対立を生じた。

一二世紀後半に教皇アレキサンデル三世の時、保護権の法制度が定められ、領主は教会の保護者として聖職者の指名推薦の権限だけに留められ、ローマ教会に職位を授与する権限が帰することになった（『キリシタンの世紀』高瀬弘一郎著参照）。

この保護権を大航海時代の海外布教に適用した結果、教皇側が各地に派遣する司教（伴天連）の任命権者であり、スペイン、ポルトガルの国王たちが各国での布教保護権を持つことで実際に布教活動を行なった。

従って、日本に派遣されてきたイエズス会の司教（バテレン）やイルマン（修道士）たちはポルトガル、スペイン、イタリアなどの国籍を持ってはいたが、あくまで表面的にはカトリック教会の聖職者として活動した。とは言え、彼らの保護者たる母国の王権拡大や国益のための行動をしていたことは否定できない。

一六世紀初頭、イスパニア（スペイン）は南米でのマヤ文明を継承するインカ帝国やアステカ帝国を残虐な行為で滅亡させ、大量の金・銀を略奪したことはよく知られている。

＊キリスト教伝来

フランシスコ・ザビエルは一五四九年、鹿児島に上陸した。北部スペインのナバラ王国に生まれ、パリ大学に学び、イエズス会という修道会の創立事業に参加した。インドやマレー半島での布教活動の後、マラッカで日本人ヤジロウに逢い日本に関心を持ち、日本に渡ることにした。

この頃の京の都は応仁の乱の戦禍により荒廃し、庶民はもとより公家や朝廷も困窮して宮中では、恒例の朝議（宮中祭祀）も中止や廃絶に追い込まれたものもあった。第一〇三代の後土御門天皇から、後柏原天皇、後奈良天皇は先代から践祚《せんそ》（三種の神器の継承の儀）の後も即位の儀式をあげるに必要な費用を、幕府が準備できずに二〇年あまり遅れて行なわれた。そのため天皇は般若心経を数十巻書写されて延暦寺、仁和寺その他各地の一宮へ勅使を遣わして奉納された。このように貧窮の中であったればこそ、天皇は庶民の苦難を救おうと神社や寺院に祈願されたのである。

一五六〇（永禄三）年、フランシスコ・ザビエルの後任のヴィレラは、室町将軍第一三代足利義輝に謁見《えっけん》し、キリスト教の布教の許可を得た。将軍義輝は当時の実力者である三好長慶らに京都を追われ近江に逃れたりしていたが、三好長慶もキリスト教に好意的で、その家臣の多くがキリシタンになった。長慶の死後、松永久秀は長慶の部下と組んで将軍義輝の暗殺を謀った。義輝は塚原卜伝から会得した剣術で奮戦し、畳に突き刺した幾本もの生身の剣を取り換えつつ斬り合いを演じ、壮絶な討ち死を遂げた。その後、信長が足利幕府最後の将軍、義昭を擁立した。

日本での布教活動により二〇年後には信者が二万人ほどになり、大村純忠、大友宗麟、有馬晴信など九州北部のキリシタン大名も信徒になり、領地内の神社仏閣を焼き払ったり仏像を破壊したりした。

イエズス会のフロイスなどによると、バテレンたちが信仰のためには異教徒の寺院などは焼き払わねばならないと示唆した結果であった。領主の大村純忠はイエズス会に長崎を布教の根拠地とするように提供までした結果、イエズス会は武器や弾薬など占領も視野に入れて貯蔵していたことが、バテレンの証言にも明らかである。

後奈良天皇の後を継承された正親町《おおぎまち》天皇は、当然のことながらキリスト教の布教に関しては強く反対されたが、政権を握った信長は皇室尊重の態度を表明しつつも、巧みに南蛮交易を推進するためにバテレンたちを優遇した。

信長は海外の物産に関心が高く、海外からのバテレンたちにも積極的に面談して広汎な知識の吸収に努めた。海外からのバテレンたちは日本を植民地にしようとしているとの、側近からの助言に対しては、「兵隊も連れて来ずにわしらに勝てるものか」と一笑に付した。当時フィリピンは既にスペインの植民地になっており、フィリピンを拠点とする托鉢修道会《たくはつしゅうどうかい》は、その後次々とバテレンを日本各地に送り込んできた。

信長はキリスト教にも好意的で、上京したフロイスにも会い、京都での宣教師の居住も許可した。フロイスは在京した八年間に一二回も信長に会っている。

とはいえ、信長が特に宗教心があったとは思われない。それは延暦寺の焼き討ちなどで、容赦なく寺院や信徒を迫害し、貴重な仏教遺産を灰塵に帰していることからも明らかである。

この時期、摂津の高山右近は既に熱心なキリシタンになっていた。

曲直瀬《まなせ》道三は京都で生まれ禅僧になったが、関東に下り足利学校に入り、明国からの李朱医学を学び、後に還俗して医者を開業した。将軍義輝とも密接な関係を結ぶようになり、医学教育で多くの子弟を育てた。また皇室にも出入りを許され、諸大名に医術を施したり、大名の間の確執を調停したりもして、信長、秀吉からも重んじられた。

その曲直瀬道三がキリシタンになったという話が高山右近に伝わり、これがきっかけとなって、高山右近は武将たちにキリスト教を伝道し始めた。

イエズス会の活動方針は、地方の有力大名たちからキリシタンに改宗させてその領民たちにまで拡大してゆくことであった。敬虔なキリシタンであった高山右近は積極的に布教活動にも協力して、最後はフィリピンのマニラにまで追放され悲惨な最期を迎えた。

一五八二（天正一〇）年、本能寺の変で信長が倒れるより数か月前、イエズス会のヴァリニャーニ（イタリア人）とともに、九州のキリシタン大名の少年使節が遣欧使節として西廻りでバチカン法王や、スペイン国王に拝謁するために長崎を出港した。

この五年後には秀吉がバテレン追放令を発令したが、その数年後に少年使節たちはヴァリニャーニとともに帰国したが、秀吉が多忙であったため数年後に秀吉に拝謁し報告することが許された。

しかし、この伴天連追放令はキリスト教信仰を禁ずるのではなく、あくまで布教を規制するだけのものであった。キリスト教の宣教師などを国外追放する目的であったが、殆どのバテレンたちは目立たないように表には出ないで潜伏して活動を続けていた。これは信長、秀吉、さらに家康にも共通することであるが、バテレンたちが交易で南蛮文化や武器などを持ち込むことを大いに奨励したために、キリスト教布教には反対ではあったがバテレンたちだけを追放することが困難であった。

南蛮文化が日本にどれほど浸透していたかは、現在まで日本語化している外来語、たとえばパン、カステラ、シャボン、ジュバンなどを思い起すだけで想像できる。

いわば南蛮貿易に魅せられて布教目的のバテレンたちの存在には見て見ないふりをしたかのようであった。


大友宗麟や有馬晴信のようなキリシタン大名が城下の神社仏閣の破壊をバテレンたちの教唆によって進めたことや、前述したように大村純忠が長崎の地をイエズス会に提供し、イエズス会が武器弾薬などを貯蔵していたことなどに対して、秀吉が怒りを込めて発令した追放令であった。

しかし、イエズス会の布教戦術どおりに、九州のキリシタン大名に加えて、高山右近、小西行長、黒田如水、蒲生氏郷などの有力な大名がキリシタンになり、その領民たちも領主に感化、あるいは強制されて日本古来の神道や仏教に背を向けるようになるなど、各地で不穏な空気が漂い始めた。

＊キリシタン禁教令の発令

当時の日本にはまだ太平洋を横断できる船も航海技術もなかった。

徳川家康は、一六〇〇年の関ケ原の戦いの数か月前にオランダ船で漂着した英国人の三浦按針（ウィリアム・アダムス）に船を造らせ、スペイン人の航海士のもとでメキシコまで渡航したのであった。

この船は浦賀を出港して太平洋を横断した最初の日本産の船であった。一六一〇（慶長一五）年のことであった。

一六一二年には、幕府が初めて公式なキリスト教禁教令を発して政策を実行に踏み切った。幕府の直轄領から始め、バテレン追放、キリシタン信徒の迫害が全国に展開された。幕府の命令により本格的にバテレンをはじめキリシタンの取り締まりが強化され、全国各地で追放されたバテレンたちは、続々と長崎に集まっていた。また、各地より殉教の知らせが届いた。ある者は自ら十字架に縛られ、数百名の列をなして祈祷の声を響かせながら、陰々と長崎に向かった。

長崎の港からは多くの船が、マカオとマニラに向けて多数のバテレンや高山右近らの信徒を満載して出港していった。そして国内には四〇名前後のバテレンが殉教を覚悟して踏み止まったようである。

ローマのイエズス教会所蔵の長崎の殉教図には、一六二二年九月に長崎で南蛮人バテレン九名ほか殉教した情景を描いており、刃を振りかざす処刑人の形相、斬首されようとしている人、まさに炎に包まれようとしている凄惨な様が描かれている。

一六一三（慶長一八）年にはフランシスコ会（托鉢修道会）のバテレン・ソテーロとともに伊達政宗が家臣の支倉常長と、少年使節を東回りのメキシコ経由で遣欧使節を派遣した。船は伊達政宗が建造して、幕府の公認の下に派遣されたものである。バテレン・ソテーロは幕府とスペイン政府との交渉を一人で引き受けるほど日本語に堪能で、幕府はソテーロの手腕を使って太平洋航路を開拓する意図があった。

当時、幕府は前年にキリシタン禁教令を発令したばかりであり、また西国大名に対しては大船の建造を禁止していたが、特別に公儀の船大工を仙台藩に派遣してまで建造させた船であった。

禁教令発令中であったが、ソテーロが携えたローマ教皇宛ての書状には「キリスト教を広めるために宣教師を派遣して欲しい」という内容が書かれてあったことが、現存する書状に明らかである。これは日本人信徒の証言によると、伊達政宗はソテーロに「書きたいことは何でも勝手に書かせた」ようである。

　ソテーロが伊達政宗に積極的に接近し、その家臣を使節として派遣するように仕向けたのが実状らしい。天正と慶長の二度の遣欧使節ともイエズス会や、托鉢修道会が主導したものであったことは留意すべき点である。

　キリスト教布教には積極的ではなかったが、信長や秀吉のような権力者にとっては、南蛮との交易が多くの犠牲を払ってでも魅力があった。

　この年、慶長一八年、幕府は「公家衆法度」や「禁中並びに公家諸法度」を公布して天皇が政治に関与されないで、学芸に専念なさるよう文書化した。さらに朝廷の任命職であった将軍職も、嗣子《しし》秀忠に譲ることによって徳川家の世襲化をしている。

　また摂政、関白などの公家の要職も幕府の意向が反映されるようにした。また、沢庵和尚の紫衣事件でも天皇の権威に横車を押すような不遜な行為が続いた。

　このような朝廷に対する幕府の横暴に対して、後水尾天皇は抵抗して院政を四代の御世にわたり五〇年以上続けられた。

＊天草・島原の乱

一六三七（寛永一四）年の秋、キリシタンたちが島原半島で天草四郎時貞を大将にして原城に立て籠った。徳川幕府に対してキリスト教信徒が反旗を掲げて立ち上がったのである。翌年に平定された島原の乱では、キリシタン側だけでも一万五〇〇〇人の死者が出た。幕府からの征討使として派遣された板倉重昌が前年の暮れに討ち死にするほどに、廃城の原城に立てこもった信徒たち二万七〇〇〇人は、対する四倍の幕府軍に対して奮戦し、天草、島原一帯が戦場となった。

原城の裏手の入り江にポルトガル船が援軍のため入港する手はずになっていたが、なぜか現れなかった。

この乱の後、幕府はキリシタンの取り締まりをより強化し、一六三九年にはポルトガル船の来航を禁止し、オランダ人商館を長崎に移し、実質的に鎖国体制になった。

島原、天草地域一帯は騒乱の惨禍により荒廃したので、幕府は天草を幕府直轄の天領とし、村興しのために他の地域からの移住者を転入させた。さらにその転入者に対してキリシタンに染まらないように教化活動を実践した。そのために地域に寺社を再建したり創建したりした後、幕府は曹洞宗、浄土宗を教化する僧侶たちを地域に派遣した。

天草は島ではあるが、全島が山地で平地が少なく、その地質も対岸の雲仙岳の爆発による降灰で著しく痩せており、農業生産力が極めて低い。さらに周囲を囲む海も、牛深以外は良港に恵まれず、潮流などの関係もあり、漁業による経済振興も望めなかった。

加えて幕府は関ヶ原の論功行賞で天草を領有した領主の検地の結果、収穫高を三〇〇〇万石と算定し、当時の祖税率が四～五割で領民は一万五〇〇〇石も収めねばならなかった。乱後に派遣された代官鈴木重成が改めて検地を行なった結果、従来の石高の半分が妥当であるとして、幕府に対して書面をもって訴えたのである。当然ながら、この訴えは聞き入れられず、重成は再度、石高半減の願書を差し出すとともに、自ら切腹して果てた。

それほど天草の自然環境は厳しく領民が苦しかった証であろう。

江戸時代中期以降も、他国からの転入者が増加するとともにキリシタン改めが厳しくなり、離島が難しくなった。明治維新後も農民たちの貧困は変わらず、明治四年のキリスト教解禁とともに、住民の移動が自由になり、貧困から抜け出すために男は他県へ、また若い女性たちは「からゆきさん」と呼ばれたように、東南アジアなど海外への出稼ぎを余儀なくされた。

その天草の初代代官として赴任した幕臣の、鈴木重成の兄であった鈴木正三は徳川直臣であったが、一六二〇（元和六）年，四二歳で出家した曹洞宗の僧侶であった。

正三、重成兄弟は天草、島原地域に三二の寺院（浄土宗一寺以外は曹洞宗）を建て、寺院を拠点として布教活動を行なった。

キリシタンたちはセミナリオ、コレジオなどと呼ぶ彼らの教育施設で聖書や西洋の歴史、科学などを学び、信仰を深める中心としていたから、再びキリシタンの教えが広がらないように神仏信仰の拠点をつくることが重要であった。

鈴木正三と重成たちは、再建や創建した寺や神社をめぐっては、諸藩から転入してきた村人に語り掛ける日々が続いた。

――今から数十年前に彼らバテレンたちは、我が国からはるかに遠いよその国へ兵隊を連れて行って、その国の人々がキリシタンにならなければ征伐すると脅して、その国の王様をはじめ皆殺しにして、その国の金や銀などを略奪したのだ。

我が国でも同じようなことをしようとしに来たのだが、日本にはサムライたちがおるから、バテレンたちも勝手なことができんのじゃ。

しかし、高山右近や、九州の大村、有馬、大友などの大名たちはバテレンたちの口車に乗せられてキリシタンになり、あろうことか、領民たちをもキリシタンにしてお寺さんやお宮さんをぶっ壊してしまったのじゃ。

こんな罰当たりなことがあってたまるか。必ず、天罰が下るはずじゃ。

我らの信仰は神様、仏様よ。その我らが信ずる、神様や仏様の社《やしろ》をぶっ壊すとは何事じゃ。他人様の信ずるものをこわすなんぞは、野蛮人のすることじゃ。彼らバテレンは野蛮人じゃ。そんな奴らの信仰を信ずるなんぞは、我が国人ではない。

見よ、我らが信ずる神様も仏様も、他人様の信ずるものをそしったり壊したりせよ、などと仰せられたことがあるか。

我らの神様や仏様は、そんな御心の狭い、情けないお方じゃあねえんだよ。

善いも悪いも全部包含してしまう天空のように広くて、大きいお教えなんじゃ。なあ、皆の衆、わかったかな。

我らは、みんな、神の子、仏の子よ、なあ。そして天空と一心同体なんじゃよ。

これこそが密教でいう「即身成仏」なんじゃ！――。

と言いながら鈴木正三は、法華経に出てくる仏様や菩薩たちの話や、古事記の神様たちとキリシタンのデウスとはこんなに違うのだと、噛んで含めるように話して聞かせるのであった。

――我が国の天子様は、我々の神様たちの御子孫であらせられる。我らの御日様や山、海、川も森も林も、すべてに神様が宿っていなさるのじゃ。

仏教でも、「山川草木悉皆有仏性」と言ってな、全てのものに仏様がいなさるのじゃ、神様も、仏様も同じようなもんなんじゃ――。

徳川幕府初期に公布された「禁中並びに公家諸法度」などにより官職任命権などを剥奪された朝廷は、安定した収入源が減り、経済的には決して楽ではなかった。

一九世紀初頭、仁孝天皇が将軍徳川家斉に太政大臣の官位を与える旨の詔勅を出されたのが、「文政十年の詔」と呼ばれたものである。山岡荘八の作品の中で、吉田松陰の父親の杉百合之介が「この屈辱を忘れるな」と寅次郎、後の松陰に告げる情景がある。

在位四〇年、家康以来の大御所と呼ばれ、豪奢な生活をしていた江戸城の将軍家斉とは対照的に、朝廷は一汁一菜の食事で凌ぐほどの困窮生活を余儀なくされていたらしい。

屈辱を忍び、止むを得ず、将軍家斉に太政大臣の称号を贈り、暗に援助を要請したらしい。その詔勅を家斉は江戸城で座して受け取り、後日、御礼言上のために京にも参内しなかった、それを不遜の極みであると尊皇家の百合之介は悲憤慷慨するのである。若き松陰がその情景を忘れるはずがない。

ちなみに、仁孝天皇は後に御所内に皇族の教育所、「学習院」を開設された御方である。

第三章　ボルネオの白人王国

＊ジェームズ・ブルックとサラワク

一八三九年八月一日、一四二トンの三本マストのスクーナー（西洋式帆船）が、マングローブやニッパヤシの生い茂るサラワク川河口にゆっくりと近づいてきた。舳先に粛然と立ち前方を見つめる、背の高い気品のある若い白人の姿があった。彼こそ、後年ボルネオ島でサラワク王国の初代の王となる、ジェームズ・ブルック、三六歳その人であった。

それ以前のボルネオ島は、沿岸に海賊が頻繁に出没する地域として、外界からはほとんど注目されていなかった。この頃、シンガポールを開拓したラフルズ卿が関心を持ち、英国政府に掛け合ってボルネオ探検の援助を申請したものの、却下されたが、ボルネオへの興味や、そこに眠る可能性をラフルズ卿が書き綴ったものを偶然読んだ、ジェームズ・ブルックの興味を深く呼び起こした。

さらに一八三四年に発刊された、ジョージ・エールの『ボルネオ沿岸旅行記』が、ブルックを掻き立て自分で行ってやろうと決心させることになる。

ジェームズは、父親が東インド会社で高等裁判所の判事として勤めるインドで、一八〇三年に生まれた。一二歳の時、英国に戻り学校を卒業後、一六歳でインドに渡り、軍人として彼も東インド会社に採用された。第一次ビルマ戦争で負傷し、二四歳の時、イギリスに送還された。

二六歳の時、またインドに渡ろうと試みた時には、乗船が難破して九死に一生を得た。会社勤務の身であるジェームズはあくまで休暇を利用しての船旅であったが、機会を捉えてインドの地へ旅する情熱は強くなるばかりであった。

しかし度重なる休暇取得期間超過のため解雇されたジェームズは、英国に帰っても、職に就くこともできず不満がつのるばかりであった。

そんな時、ジェームズの父親が亡くなり、莫大な遺産を相続することになったジェームズは、早速、スクーナー「ロイアリスト」を購入し、シンガポールへ向けて就航する計画を立てた。

シンガポールより北ボルネオ北端のマルド湾に入り、周辺の河を遡行する。それから、セレベス（現在のスラウェシ）に行き、定着できるところを探す。そしてニューギニア、アルー島方面まで航行する。という五か月間に及ぶ船旅は一八三八年十二月一六日に始まる。ところが、シンガポールに入港するや、病に倒れ、また愛船ロイアリストも修理の必要もあり、結局、そこに九週間滞在することになった。

初代国王ジェームズ・ブルック

ちょうどジェームズにとっては、そこでボルネオとその住民に関する知識を習得するいい機会であった。その地について学べば学ぶほど居た堪れなくなったジェームズは、予定したマルド湾ではなくサラワク河に向うことにした。すっかり健康を回復したジェームズは七月二七日、新しい航路に向けて出港した。シンガポール総督ボンサムは、ジェームズのサラワク探検に期待を込めて送り出した。

一八三八年に英国船がサラワク河口沖で遭難した時、サラワクはブルネイのスルタン公国の最南端の地方で、マコタ司令がスルタンの代理として統治していた。しかし、マコタ司令は地元住民を過酷に支配したために暴動が頻発し、スルタンは治安回復のために、伯父のラジャー・ムダ・ハシム公を派遣した。ラジャー・ムダは王子の呼称である。地域は比較的狭い面積であったが、稀少金属のアンチモンが生産されるため所有価値が充分にあった。

ハシムは早く暴動を鎮圧して、自分の性に合った生活ができるブルネイに戻りたかった。しかし、彼の与えられた任務は楽なものではなく、すでに五、六年もサラワクに滞在していた。

そんな時、英国船がサラワク河口沖で遭難したのは、ハシムにとっては英国政府と友好関係を樹立する絶好の機会に映った。

そして遭難した船員たちの惨状に、心温まる対応をした。宿泊施設と食事を提供してシンガポールまで送り返したのである。船員たちはハシム王子の人間味溢れる対応を心から賞讃し、シンガポール社会も感動を新たにした。

シンガポールのボンサム総督はラジャーの限られた権力には気付いていなかったが、英国の影響力の足がかりをハシム王宮につけたいという想いから、ジェームズ・ブルックに総督とシンガポール商工会議所からの感謝の意をハシム王子に伝えてくれるよう要請した。

冒頭のように、ロイアリストは八月一日、サラワクの西境のダトー岬の西側に錨を下した。荒天のため、船が錨を揚げて岬沖の島へ向かったのは八月五日であった。タランタラン島沖に投錨し、数日間測量をして、海軍省の海図に海岸線の修正を施した。その後、ロイアリストは一二日にサンツボン山の裾野にあたるサラワク河口西側に錨を下した。

そしてここから二〇マイル川上にあるラジャーの公邸に、ジェームズ・ブルックの到着を知らせる伝言をたずさえたボートを先発させた。

翌日ラジャー・ムダは公式の招待状を送ってきたので、ブルックは遡上し、ジェームズが後に支配者となる国の州都、クチンの街を最初に眼にしたのが八月一五日であった。そこは、単にしばらく前にできた木造小屋の寄せ集めた集落で、八〇〇人の原住民の殆どがブルネイ・マレー人であった。

ロイアリストは、サラワクの慣例に従ってジェームズを出迎えた、ラジャーとマコタに対して、二一発の大砲で王家の答礼を返した。ジェームズはこの国の各地を巡り歩くことを許可されたので、大いにサラワクの自然を楽しむことができた。暴動に関しては、ラジャーもマコタもたいした問題ではないと保証するので、ジェームズは内戦の片付き次第、再訪することを期待して、シンガポールに戻った。

ブルックは計画の次の目的地であるセレベスに一一月に向った。好奇に満ちた旅ではあったが、資金が枯渇しかけていて健康も芳しくないので、一八四〇年五月にはシンガポールに引き返した。そこで、マニラ、中国を経由して英国に帰国する前に、サラワクに寄港したいと考えた。

八月二九日にクチンに到着したジェームズを驚かせたのは、暴動がいまだに治まらず、騒乱状態であった。反乱軍は街から三〇マイル以内に出没しているので、内陸部には入れず、クチンで成す術もなく、出発することにした。

それを聞いたハシム王子は、自分に与えられた、この職務を放棄するなどという恥辱を受けるよりも、私は死ぬことを選ぶから、この地にとどまって欲しい、と懇願した。そして、マコタの統治下にある上流のリダタナの軍隊を訪問してくれるよう、ジェームズの存在が現場の兵士たちを鼓舞してくれるとの期待をして、ジェームズに請い願った。

ジェームズはこれに応じたが、ただ、マコタ司令と彼の軍隊は、ジェームズの忠告には耳も貸さず、単に船上の物品にだけ関心がある様子を見て、やはりジェームズは出発することにした。ハシム王子は、それを聞いてまたも、帰らないでくれと懇願するので、もう少し援助をしようと、ロイアリストの大砲を実践で使ってみた。しかし、彼の努力もまたも浪費されたのだ。

マコタ司令は敵を攻撃しようともせず、かといって、ジェームズに交渉を頼むでもなかった。彼自身の言葉によると、「卑怯さ、背信、裏切り、いい加減さ、などなどの行為がマコタの兵士たちの間に充満し、忠告を受け入れたり、積極的な改善策を行なう雰囲気さえもない」ので、ジェームズは自分の船に戻った。あんな情況では戦争状態が半永久的に続いても不思議ではない。

現場の状態にすっかり嫌気がさしたジェームズは一一月四日にハシム王子を訪問し、出発する決意を伝えた。しかし、今度はラジャーは絶望的にも、「シニアワンとサラワクの政府と商業をあなたに任せたい」と言い出した。しかもラジャー「王」の称号をも授与するというのである。唐突な申し出に迷ったが、ハシムが心底真面目かどうかも確かではなかった。ジェームズは何も言わなかったが、彼にとって魅力的であることは間違いなかった。戦闘の現場に戻って、改めて最高指揮官としての立場を与えられると説明されると、ジェームズとその配下たちは暴動を鎮圧し、多くの反乱軍はジャングルの奥へ逃げ去った。

そして彼らはジェームズ・ブルックとなら喜んで交渉に応じる、そして命を助けると約束すれば、降伏することを申し出た。ラジャー・ムダだけが彼らの運命を決めることができることを思い出して、ジェームズはラジャー・ムダに力を尽くしてお願いする約束をした。しかし、マコタに影響されたハシムは、叛乱兵の命を助けたくはなかったが、ジェームズがこの国を見捨てると脅かして、しぶしぶ了解し、叛乱兵の誰一人として、死刑にはならなかった。

叛乱が鎮まってきたので、ジェームズはハシム王子が以前出した提案を思い出させる好機と考えたが、彼の期待に反して、ラジャー・ムダは約束を忘れてはいなかった。しかし、ジェームズのラジャーとしての称号授与式までには、永い遅延があった。まずラジャー・ムダ・ハシムはブルネイの王位継承者ではあるが、サラワクではスルタンの代理人として統治しているに過ぎないため、スルタンの権限なくしては、他の誰にも権限を委譲することができないことである。

ブルックがいなければ、いまだに叛乱は続いていただろう、という事実を抜きにしても、今、ハシムはスルタンが一地方といえども、サラワクを英国人に譲ることに同意しないだろう、と思い始めていた。

しかし彼は自分の約束を守りたいがために、時が来たら、スルタンを説得しようと望みを抱いていた。しかし、マコタ司令は自分の保身のために、彼の権力の及ぶところではサラワクをブルックには渡すまいと懸命の策略を駆使した。ラジャー・ムダは彼の約束とサラワクでのマコタ一族への恐れとの板ばさみになっていた。というのは、より権力が強いマコタ一味は、改革を望むブルックのような男がサラワクの統治権限を得たら最後、専制政治が終焉を迎えると考えているからである。

ブルックをなだめるために、ハシムは金銭的利得のためにサラワクに居住許可が与えられるような契約書を書いて、決してこれは最初の約束に替わるものではなく、スルタンが現時点で示せる表現に過ぎないのだ、ラジャーにする約束はそのうち実現するからと、説明を加えた。

ジェームズは、この怪しげな契約を、一時的なものと確認した上で同意をした。貿易と通信関係をシンガポールと結ぶ約束をしたラジャー・ムダの言葉を信じて、シンガポールに行き、そこで九〇トンのスクーナー「スウィフト」を購入して、船一杯の貨物を積みクチンに戻った。

ラジャー・ムダと交わした約束では、一般貨物とサラワクのアンチモンと鉱石を交換するという取り決めがあった。

しかし、ラジャー・ムダは貨物を引き取ったまま、取引を実践に移さなかった。ハシムのブルックに対する態度はガラッと変わり、国の安定に関しての議論を極力避け、距離を置くようになった。さらには、そんな申し出をしたことを拒否するまでになり、マコタがサンバにいるオランダ人との確執に、ブルックを巻き込もうとしている企みに眼をつぶっていたのだ。

陸ダヤク、マレー、そして中華民族たちへのブルックの影響を消滅させ、彼らの保護者としての信用を失墜させるために、マコタは、二五〇〇人の海ダヤクをスカランからサラワク河を遡上し内陸部の陸ダヤク、マレー、中華民族たちを殺すように差し向けた。そして、ラジャー・ムダまでも騙して、この卑怯な計画に同意を取ることに成功したのだ。

これを伝え聞いたブルックは怒り心頭に発し、ロイアリストとスウィフトの二隻の船を準備させた。その効果はてきめんで、ラジャー・ムダは困惑して、何も知らなかったと言い張った。

ラジャー・ムダはマコタを非難しながら、全軍を上流から引き上げさせろというブルックの要求を呑まざるを得なかった。そのためには、ブルックの兵士たちの制圧下にあるルートを使わざるを得ないので、ラジャー・ムダは他に選択肢がなかった。

＊サラワク国王に就任

予想だにしなかったが、決断力に富み、勇敢で、自分たちを守ってくれる人物というブルックのイメージを定着させる結果になったのだ。過去にマコタを恐れていた者たちは今、力のある圧制者に敢えて挑戦する英国人に忠誠を誓ったのである。

五か月が過ぎてもまだ、ブルックはラジャー・ムダ・ハシムが問題を解決するのを待っていた。ここ六週間はハシムに語りかけるのを拒否し、次のように、文書を書いた。

「私はあなたに充分な利益をもたらす働きをした。あなたが私にした約束をすべてウソだというなら、死よりも重い屈辱を与えてやる」として、ハシムが約束を守るか、あるいはスウィフト、貨物、その他必需品に費やした費用を全額返済することを要求した最後通牒を送った。ジェームズの要求が受け入れられなければ、きっとこの付けは払わせてやる、と警告した。

その機会は思ったより早くやってきた。

シンガポールへの旅から戻ると、人々はまたも、スルタンへの忠誠心を捨てて、より公然とブルネイへの反抗心を露わにしていた。ジェームズ・ブルックとその配下への忠誠を誓いながら、ハシムとその一族を国外追放するなら支持をすると申し出たが、ブルックはそれをしたくはなかった。

というのは巷で起こっている現状を無視できないような事件が起きた。マコタがブルックの通訳を殺そうとしたのだ。企みは発覚し、ブルックは憤然として、ハシムにこの事実とその他のマコタが関与した犯罪の数々を示して、尋問を要求した。

その要求は、いつものように将来に調査をするという、ハシム王子の時間稼ぎの、いい加減な約束に終わり、マコタは自分の悪行に成功するかに見えた。が、それと同時に、これ以上の不正義は許すことができない、自分たちでそれぞれの立場でできる限りのことをしなければならない、という意識が覚醒した。

ハシムの遅延策とマコタの裏切り行為にはもう我慢の限界に来ていた。もう自分の力でやる以外にないと決心したブルックは、スウィフトとロイアリストの大砲に砲弾を充填し、重装備した兵士とともに沿岸を遡上し、ラジャー・ムダ・ハシムに面会を要求した。ハシムの面前で、ブルックは、マコタの暴政と人々の搾取の事実を宣言し、国外追放をする意思表示をした。

ブルックは、サラワクに平和をもたらす唯一つの方法は、自分を総督にすることだ、とハシムに伝えた。

民衆、特にマレー人の全員がブルックを支持することを誓ったのは、明らかにマコタに反対したからであり、マコタも自分の敗北を認めざるを得ず、総督の地位を降りる以外になかった。

一八四一（天保一二）年九月二四日、ジェームズ・ブルックはハシムとの約定により公式にサラワクのラジャー（国王）としてブルックの就任式が行なわれ、ハシムは国民に向って、新統治者の就任を宣言した。ジェームズ・ブルック四一歳であった。

スルタンがいまだにブルックへの公式な権限委譲を発令していないので、ハシムはクチンに滞在していた。マコタも機会があるたびに、問題を起こしながら、まだ残っていた。彼はいまだに住民に対してもブルネイ王宮でも、影響力を保持しており、彼を総督として最初に任命したスルタンから、正式に罷免されていなかった。

ハシムが　いまだにサラワクにいるために、ブルックの国王としての仕事の邪魔をするわけでもないが、人々は、誰が事実上の統治者かについて混乱をきたしていた。ハシムはマコタの悪影響を排除できない弱点と欠点を持っていたが、ブルックは彼を友人としてみており、そろそろハシムもブルネイへ戻って政治の責任を取るべき時期だと思っていた。が、ハシムは今ブルネイに帰るのは、彼の留守中に政敵がスルタンに取り入っていて影響力を増しており、帰るのは危険だと感じていたのだ。

ラジャーの居宅周辺には、毎日多くの乞食が集まってきていた。ジェームズの即位後すぐに、通商や納税に関することを含む八箇条から成る統治布告を発令したが、その第一条は「殺人強盗を厳罰に処す」であった。

もう一隻の英国船「メルボルン閣下」がブルネイ沖で難破したので、ジェームズはこの機会にスルタンを訪問することにした。シンガポールの英国政庁との交渉のためにサラワクの宗主権を判然とする必要があり、そこでスルタンにサラワクのラジャーとして公認してもらい、同時にハシムの帰還と難破船の救助についても協議できると望んでいた。

一八四二年七月二一日にブルネイに到着するや、すばらしい歓迎を受けて、当初の三つの目的を完遂することができた。

一八四二年八月一日付で、ジェームズとブルネイ王との間で次の契約を取り決めた。

「1、サラワクの国土と政権並びに歳入及び従属物一切をブルック氏に譲渡する（但し、ブルネイ王の下に属す）。

2、ブルネイ王は年額二五〇〇ドルをサラワク国より受ける。ブルック氏は人民の習慣、宗教を侵害しないこと。同時にサラワクの統治に就いては何者もブルック氏に干渉しないこと」

八月一五日にクチンに帰還した時には、ハシムの帰国を招聘する内容で、スルタンの署名のある公文書には、一八四一年九月二四日付けでラジャー・ムダがシールを貼った証書も添付されていた。

スルタンはブルックが他の誰にもスルタンの同意なしには、サラワク、またはその一部でも譲渡できないという項目を追加して予防策を講じた。ジェームズ・ブルックはまだ封建領主であったが、一八四二年八月一日にスルタンによって正式にサラワク国王に任命された。

一二月一八日にクチンで行なわれた公開式典の場で、証書が全国民に伝達された。

マコタはスルタンの命令により、サラワクを退去するのは八か月後のことだった。ハシムはもう二年ほど、安全なサラワクに残留したが、ジェームズは彼を近くには置きたくなかった。ハシムがいることでマレー民族がブルックの命令に従うことをためらいがちだったからだ。

マレー人にとってみれば、草の根的に根付いている昔からの忠誠心を振り払うことが困難であった。一八四四年一〇月にようやくハシムはブルネイに出発した。

ジェームズの統治体制は漸次順調になり、一八五三年には、従来のサラワク以外にサドン、パダン、ルパー、サリバス、カラッカなどの諸河流域と海岸線五〇マイルに渡る地域を譲渡された。

さらに一八六一年にはケトロンを分譲され、レジャン、オーヤ、ムカタタウ、ビンツル諸河川流域をも領有するに至った。

ジェームズは統治方針として次の三大綱領を定めた。

不幸なダイヤ族の救済、海賊の討伐、首狩り禁止であり、首狩りは間もなく領内ではほとんど禁止されたが、海賊の討伐は容易な技ではなかった。

第四章　南海の風雲児　依岡省三

サラワク王国と日本の繋がりを語るに依岡省三を抜きにしては語れない。

現在、ボルネオ島の南部はインドネシア領のカリマンタンで、北部はマレーシア領のサラワク州とサバ州になっている。

そのサラワク州は一八四一年より、ちょうど一〇〇年間にわたり、英国人の王様により統治された「幻の王国」であった。忽然と白人の王が現れ、それからちょうど一〇〇年後に大東亜戦争の初期に日本軍の侵攻によって、忽然と姿を消した「幻の王国」であった。

依岡省三

その王国に商社を立ち上げ、日本人の米作技術者を移住させ、またゴマ園を開拓して主要産業の基盤づくりに貢献したのが、依岡省三である。

依岡省三は一八六五（慶応元）年一一月一一日、土佐の国、高知城下北新町に生を受けた。

依岡家の祖先は、長曾我部元親の重臣、依岡右京である。

長曾我部元親は文禄年間に四国全土を平定せんとしていたが、秀吉の軍との戦いに阻まれ、土佐一国の領主に甘んずることになった。

秀吉が九州征伐に赴く際、依岡右京は元親の長男信親率いる軍に従軍し豊後の戦いで戦死した。が、右京の子孫は長曾我部家滅亡後、藩主山内家に奉公して明治の廃藩置県まで続き、省三は依岡家六代目の子孫に当たる。

省三が生まれ育ったのは幕末の動乱期であり、明治新政府が意欲的に西洋列強に追いつけ、追い越せという熱気が世間に満ち溢れた時期であった。

一八七四（明治七）年、二年近く欧米諸国を歴訪していた岩倉使節団の帰国後、土佐の板垣退助は参議西郷隆盛、江藤新平らとともに主張していた征韓論論争に敗れ、参議を辞職して郷里に戻った。

板垣らは国民が政治に参加する機会をつくるために民選議院（国会）設立の建白書を政府に提出した。これが後に一八九〇（明治二三）年の国会開設に繋がる。

さらに板垣は同志の片岡健吉、植木枝盛、林有造らとともに士族中心の政治結社である立志社を設立した。

立志社は「天理人権を尊び、自治独立を求める」を綱領としていた。

その事業としては、法学所及び洋学所の二つの学舎を開き、市内帯屋町にあった旧陣営を公会堂として使い、政談演説会を開催した。そこでは、フランス革命の歴史やロシアの社会党のことなどが話され、聴衆の関心を誘った。

立志社は高知市内に分社を持ち、自助社、共行社、方円社、愛身社、南洋社などであり、板垣退助は立志社傘下の全社の統率者で、全員の信頼と尊敬を集めていた。

依岡省三は立志社の分社である共行社に属していた。

板垣らとともに野に下った西郷隆盛は鹿児島で私学校を開き、廃藩置県により家禄を失った士族たちに教育の場を与えた。その家禄も一時給付金と引き換えに打ち切られ、全国の士族たちの不平不満が高まり、佐賀の乱、神風連の乱、萩の乱など各地で新政府に対する士族の反乱が勃発した。

＊西南の役と北守南進

一八七七（明治一〇）年には、鹿児島の私学校を中心に士族たちが西郷を指導者として挙兵し、東京に向けて進軍を開始した。この一報は早くも土佐にも伝わり、立志社の全社は西郷に味方して、新政府を打倒して自由民権制度を確立することに一決した。しかし、立志社の統率者の板垣退助は、この西郷とともに闘うことには反対であった。片岡健吉も西郷に加担することに与《くみ》せず、単身京に赴き民選議院の設立の運動をした。しかし、多くの社員は西郷加担に意気軒昂で板垣の説得にも耳を貸さなかった。

この時、依岡省三は齢《よわい》わずか一四であったが、気迫に烈々たるものがあり、竹馬の友であった隅田伊賀彦は次のように記している。

「西南の役が起きるや否や、省三君は志学の年に満たないにも関わらず悲憤慷慨の念に堪えず、ひそかに同志の少年たちを集め、自宅の敷地内で操銃の訓練を行ない、また各地の志士たちを訪問して時勢を論談するなど、普通の少年たちからは抜きんでていた」と。

省三の伯父、依岡伊太郎は天保一三（一八四二）年正月二〇日、祖父の文四郎の長男として、土佐の香美郡赤岡村に生まれた。性は剛毅にして自ら先んじて事に当たらねば気が済まぬという気性で、西南戦争での薩摩軍の支援活動においては、仲間から「天保《バカ》伊太」と畏敬の念をもって呼ばれていた。

薩摩軍に送るために、弾薬や兵器を調達したり、帆船でコメ、味噌、醤油などを送るなどの後方支援に汗を流した。

熊本城包囲戦で、百姓や町人上がりの兵士たちの政府軍に敗れた薩摩健児は西郷どんを守るようにして宮崎から故郷の鹿児島に逃れ、九月二四日、城山で西郷どんは「別府ドン、もうよか」と別府晋介の介錯により切腹を果たした。

薩摩軍の敗戦により、土佐の立志社もまた、政府からの摘発を受け、多くの幹部連中は処刑された。

天保伊太も例外ではなかった。政府の探索を逃れ、土佐からの脱出を図った。当時土佐出身の桑原戒平なる人物が八丈島の島司をしており、同時に小笠原島司を兼務していたことを知り、明治一二年、桑原を頼って習い覚えた帆船を使って小笠原の父島に渡航した。

島では牛や馬の飼育や畑の開墾など、日本国の領有下に入ったばかりの小笠原諸島の開発に努めた。この裏には政府が板垣退助の政治勢力が旺盛なことを考慮して、その配下の共行社などを政治運動から殖産運動に振り向けようとした意図があったことも関連していよう。

省三はといえば、西南の役の後、中学校に二年在学した後、退学して、明治一九年頃、高知県議会の書記を務めた。その後、高知新聞社に入り編集事務を担当した。当時の高知新聞は板垣の自由党に対抗して政府側を援護する思想的立場にあり、経営も順調であったが、省三には他にやるべき思いがあった。

省三は明治二一年、上京して幸いにも時の逓信大臣、榎本武揚の知遇を得た。榎本は訪ねてきた省三を一目見て、省三の気概と才覚を見抜いたのかもしれない。

時代は、イギリス、フランス、アメリカ、ロシアなどが中国や日本近海に執拗に出没し、隙あらば領土を剥奪しようという時期であった。眠れる獅子と呼ばれた清国はすでにイギリスにアヘン戦争をはじめ、数回にわたる戦争を仕掛けられていたのだ。

日本でも明治新政府は、明治天皇の公布された「五箇条の御誓文」を基盤とする新生日本を立ち上げるために、富国強兵、殖産興業を合言葉に官民挙げて汗を流していた。福沢諭吉

大島
三宅島
八丈島
伊豆諸島
小笠原諸島
父島
母島
火山列島
北硫黄島
硫黄島
南硫黄島
南鳥島

青島
上海
鹿児島
奄美群島
台北
尖閣諸島
那覇
沖縄
与那国島
宮古島
石垣島
北大東島
南大東島
沖大東島

の『学問のすすめ』や中村正直の『西国立志論』が飛ぶように百万部も売れて読まれたほどの熱気が溢れていた。当時の人口が約三〇〇〇万人だから、三〇人に一人が読んだことになる。当時の日本人の進取の気性の強さを物語っている。

当時の外交方針は「北守南進」であり、南洋開発を大いに奨励して、三宅雄二郎、志賀重昂などが国民の啓発活動をしていた。

この時代の風潮を肌に感得していた省三は、我こそは、の想いを秘めて上京したのであった。折も折、逓信省が所有の「明治丸」にて南島を探査することになり、省三は榎本の口添えによってこの航海に参加できることになった。彼はこの明治丸の航海で八丈島、小笠原、火山列島を探査したが、省三にとっては処女航海であり、この航海が彼の後の図南《となん》雄飛に羽ばたくための登竜門になった。

翌明治二二（一八八九）年、省三は小笠原の父島に渡り、一〇年前から殖産業に従事していた伯父の伊太郎の許に身を寄せた。

この年の二月一一日に大日本帝国憲法が発布された。翌年には初めての衆議院選挙が行なわれて、一〇月三〇日には第一回帝国議会の招集に先立って、「教育に関する勅語」（教育勅語）が発布された。幕末に西洋諸国と結んだ和親条約、通商条約などを通じて、押し寄せて来た西洋文明の急激な流入を抑制するために、本来の日本人の有り様を忘れてはならぬとの明治大帝の御心が伝わってくる内容であった。

その五年前には、共同運輸と三菱が合併して日本郵船会社ができ、政府より年額八八万円（当時）の補助を受けることとなった。

そんな時代の空気の中で小笠原にある省三は、前年に明治丸で探査した火山列島にまず目指そうと志し、伯父の伊太郎の助けを得て、自ら大工仕事をして造船をはじめて一年をかけて四〇トン弱の帆船を造り上げた。

船が完成するとすぐさま、航海術の知識もないにもかかわらず、省三は自ら船長となって火山列島に向かった。省三が昨年に引き続いて火山列島を目指したのは、硫黄の採掘をしようと考えたためであった。しかし、彼のこの企ては失敗に終わった。そして東京に戻った省三は、火山列島を日本帝国の版図に編入するように政府に進言した。

これも榎本逓信大臣の後押しがあったせいか、政府は進言を受け入れて火山列島を硫黄島として日本の領有となし、明治二四年に東京府下に属せしめた。

これにより、さらに省三は榎本逓信大臣、東京府知事高崎五六、並びに沖縄県知事奈良原繁の後援を得て、三度目の正直となる、火山列島に渡ることになった。

ちょうどこの頃、鳥島のアホウドリの羽毛採取事業で成功し、米国の会社と長期契約を結んだばかりの八丈島出身の玉置半右衛門が出資してくれることになった。

玉置はかねてから志賀重昂と親交があり、志賀が省三を紹介する仲介者となって出資することになったのである。

硫黄島には明治二九（一八九六）年、小笠原諸島母島の住民、石野平之丞が漁業を営むために上陸して探検し、その後、府庁より開墾の許可を得て明治三二年には、労働者を連れて移住、入植し農業に従事して石野村を建設した。

大正五（一九一六）年には北硫黄島の石野村には戸数三〇軒あまりあり、小学校もあり、福井専一という人が教育に携わっていたと記録されている。

＊軍艦「比叡」による南洋航海

明治二四（一八九一）年九月二〇日、軍艦「比叡」が南洋、豪州方面に遠洋航海をするにあたり、民間人から観察員として若干名乗船させることになった。

当時、明治日本は、憲法制定や軍制、医学などの分野でドイツから学ぶことが多くドイツとの交流も盛んであった。一五世紀からポルトガル、スペインが南米をはじめ世界中に植民地を求め海洋進出を始めると、イギリス、フランス、オランダも争って地球上は植民地争奪戦になった。

その最盛期が一九世紀であり、植民地争奪戦に乗り遅れたドイツは一八七一年にビスマルク率いるドイツ帝国を建設した。国内が安定したドイツはようやく海外進出に乗り出して、太平洋のマーシャル、カロリン、マリアナ群島を領有するに至った。

明治一七、一八（一八八四、一八八五）年頃にはドイツでは盛んに植民政策が推奨され、ビスマルクも議会でたびたび植民地獲得の演説をした。その熱気が世界に乗り出したばかりの新興国であった日本にも伝染したようである。

その結果、当時外務大臣であった榎本武揚が植民地獲得に力を入れていたので、軍艦の練習航海としての遠洋航海をその好機と捉えたのであった。

その観察員には三宅雄次郎文学博士たち七名とともに、好運にも省三も機会を与えられたのだ。

便乗者一行八名の中で依岡省三が、当時としても堂々たる体躯で尚且つ容貌も魁偉であった。それは、省三が船に乗り込んで来た時に、乗り組みの将校たちが「あれが依岡という人か」と話し合ったほどにいかめしい容貌で目立っていた。

小舟で幾度も南洋の荒波を乗り越えた噂を聞き知っていたようだ。

北マリアナ諸島のグアム島の沿岸に着くと、土地の人々がバナナやココナツなどを小舟に積んで売りに来る。省三は片言の英語で「幾らだ？」と甲板から声を掛けると、彼らも品物を抱えて甲板に上がってくる。甲板上で現地の酒や葡萄酒や果物を並べて省三が交渉を始めた頃に、海軍の将校連中がやってきて、「ここは軍艦だ、軍艦の上で商売はいかんぞ！」と省三を叱りつけた。

それを聞いた艦長も省三に、そういうことは止めてもらいたいと口添えをしたのだった。省三も悪気があったわけでもなし、「気が付かんと済まん事でした」と軽く頭を下げた。海軍の将校たち乗組員も便乗者の八名もともに海外雄飛の想いは同じであり、日本の領土にできる島があれば早く見つけたいと考えていた。

軍艦比叡は南洋から豪州をめぐってから北上し、翌明治二五年三月にはフィリピンに着いた。フィリピンでの状況は、比叡の乗組員であった、後に軍神と祀られる広瀬武夫少尉の遺稿を見せて戴くことにしよう。

――ああ、ルソンの国もまた、もはや東洋人のものではないのだ。かのスペイン王国の属領なのだ。土地の人の話によると、我々ルソン人はスペイン人のひどい政治が嫌で早くここから逃れたい。また華僑たちはずる賢くて嫌なので国外に追い出したい。昨年、日本が火山列島を占領したのを聞いて、我らルソン人は心から喜び合った。ああ、日本の国よ、日本人よ、できればその領土を広げて台湾からこのフィリピン群島まで攻略してくれ。我らルソン人は、それを望んでいる、というのだ。（中略）一昨年明治二三年には金剛、比叡の両艦はマリアナ群島のグアム島に巡航し、次いで昨年二四年夏には火山列島を占領した。その秋にはこの比叡がまたグアムに寄港した。スペイン人は皆猜疑心と危惧の心で見ている。聞くところによれば、スペインでは我ら日本が火山列島を占領するや否や、かの地の国民は激して「日本討つべし」との声が上がったが、結局この東洋では我らが海軍に勝てるはずがない。それを悟ってスペインも態度を改めたようだ。それは我ら大日本の海軍あればなり――。

と意気軒昂に記している。日付は明治二五年三月一五日になっている。軍艦比叡は後年、省三が雄飛の舞台になるボルネオ島にも寄港して、四月に帰国した。

この広瀬少尉の記述中にある、明治二三年の金剛と比叡の航海には、後日談がある。同年オスマン・トルコ帝国の使節団六五〇人が六月五日に来日し、明治天皇に拝謁した後、九月一五日に帰国の途に就いたが、和歌山県沖で台風に遭遇し、遭難したエルトゥール号は大破し沈没してしまった。オスマン提督はじめ五八七人が死亡する大惨事になった。地元大島の村人たちは夜を徹して生存者の救出看護、犠牲者の捜索など、官民挙げての支援活動の後、生存者六九人をトルコに送還したのが、軍艦金剛と比叡であった。

このトルコへ向かう軍艦に広瀬が乗船していたから、スペインにおける風評も自身で聞くことができたのであろう。

一三世紀末に建国したオスマン・トルコ帝国は、一六世紀には現在のギリシャ、ブルガリア、黒海沿岸、バルカン半島、エジプトなどを含む広大な領土を有していたが、一七世紀以降、次第に領土を失い、日本に寄港する前の一八五三年にはロシアとのクリミア戦争で英仏国の支援もあり勝ちはしたが、数年後に再びロシアとの戦争で敗退した。

その後、第一次世界大戦中の一九一六年にはロシア、イギリス、フランスによってオスマン帝国の分割が図られ、帝国は解体する。

このエルトゥール号の遭難事故から四年前の一八八六（明治一九）年、同じ紀伊半島沖で英国汽船ノルマントン号が暴風雨のため沈没した。

船長以下二六人の英国人船員は救助されたが、日本人乗客の二五人は見殺しにされて溺死してしまった。この事件の海難審査をしたイギリスの領事裁判所は治外法権を理由に船長に軽い処罰を与えただけだった。欧米諸国と結んだ不平等条約で日本には裁判権がなかったので、悔し涙を呑むしかなかった。

第五章　小笠原諸島と玉置半右衛門

東経一四〇度上の東京を基点として南南東に当たる豪州のシドニーとを結ぶ海域に横たわるのが、八丈島、大島を中心とする伊豆諸島、そして鳥島、南下して小笠原諸島、硫黄島を含む火山列島、さらに北回帰線を南下して北マリアナ諸島へと続く南洋の島々である。

小笠原諸島は、一五九三（文禄二）年、信州松本城主小笠原貞頼が発見し、島名も彼の名に由来するという伝聞があるが、山国の信州松本の城主がなぜ、南洋の島々を発見できたのか、不明である。

江戸幕府が領有目的をもって実地踏査をしたのは一六七五（延宝三）年に第一次幕府巡見使を派遣した記録があるだけで、その後幕府の第二次巡見使派遣の一八六一（文久元）年に至るまで格別の動きが見られない。

一八世紀後半の英国における産業革命により、器械化での商工業の発展により海外への交易活動が盛んになり、また一九世紀に入り太平洋の捕鯨活動が盛んになって欧米諸国からの捕鯨船が、淡水や燃料の補給を求めて日本の領海に出没して寄港する動きが見られるようになった。

＊日本より先に琉球に着目した外国船

政治的現象を地理的条件から研究する学問を地政学と言うが、琉球は地政学的に面白く、また重要な位置を占めている。それはアヘン戦争で英国に敗れた清国が、屈辱的な南京条約で大陸沿岸の広州から上海に至る五港を開港させられた一八四二年より数十年前に、西洋諸国の艦船が琉球に押し寄せていた史実がそれを証明している。

一八一六年には英国の軍艦ライラ号が朝鮮を経由して那覇港に寄港し、四〇日ほど那覇に滞在した。その間、中国語のできる真栄平房昭を通訳として情報を集め、安仁屋政輔とともに真栄平が非常に熱心に艦長のバジル・ホールから英語を習った。ホールは英国に帰国後、『朝鮮・琉球航海記』を出版して西洋各国語に翻訳されたため、西洋では琉球王国の理解に大いに役立ったという。

一八一九年には英国商船ブラザーズ号が那覇に寄港し、物資を補給した二日間に満たない短時日間の滞在であったが、当時の琉球人の道徳性の高さに驚き、感銘を受けたという記録を残している。

一八二七年、英国軍艦ブロッサム号が琉球に二度来航した後、小笠原諸島に寄港することは、後述する。

一八三二年、英国の東インド会社の商船アーマスト号が宣教師を同伴し那覇に寄港した。鎖国中の日本でキリスト教の布教活動をするための入国であったがかなわなかった。宣教師ギュッツラフは日本人漂流民七人を乗せた米国商船モリソン号に乗船して、再度琉球への入国を試みた。しかし、幕府が異国船打ち払い令に基づく実力行使に出て政府軍の攻撃に遭い、今回も不成功に終わった。

一八四〇年、清国とのアヘン戦争に参加していた英国海軍の輸送船インディアン・オーク号が台風に遭遇し、琉球まで漂流して西海岸の北谷沖で座礁し沈没した。

北谷の村民は遭難した乗組員全員六七名を救助して、四五日間にわたり手厚くもてなして、帰国時には琉球の船を提供するまでした。

また、一八一六年にバジル・ホール艦長とともに琉球に来た海軍大尉クリフォードは退役後も琉球の人々から受けた恩義を忘れることができず、それに報いようと「琉球海軍伝道会」を設立し、献金とともに宣教師を送ることにした。

一八四六年、ベッテルハイムは妻と子供二人を伴い、英国船スターリング号に乗って任地琉球にやって来た。那覇には既に二年前からフランスの軍艦で送り込まれた仏人宣教師フォルカードが那覇の泊にある天久聖現寺に滞在し、琉球はその対応にも苦慮していたところだった。結局、ベッテルハイム一家は波の上の護国寺を住まいとして、八年間にわたって妨害行動にもめげず伝道生活を続けた。

交流のあった那覇市在住の医師、仲地紀仁に初めて西洋式の牛痘法を伝えたと言われている。一八四九年にオランダ船により、長崎に天然痘ワクチンが到来したという記録がある。

ベッテルハイムの来航の二年前の一八四四年、フランス軍艦アルクメーヌ号が那覇に寄港し艦長以下が上陸して、琉球側に通商やキリスト教の布教を要求した。

薪水の供与はできるが、通商・布教を拒否したのは、琉球が幕藩体制下にあり幕府の鎖国令、キリシタン打ち払い令の布告下にあったため、当然の対応であった。これに対して艦長は前記の宣教師フォルカードと通訳を残留させ、再来航を予告して退去した。

これに対抗して英国も前述したように宣教師ベッテルハイムを送り込んで来たのだ。宣教師を前面に立てて、執拗に通商・布教を求めるのは軍事的圧力をかけて、最終的には占領して植民地にしようとの魂胆であるのは、歴史が証明している。というより、その数年前に東シナ海の対岸の清国では既にアヘン戦争によって英仏両国に侵略されつつあった。

那覇には薩摩藩の在番役人が駐在しており、イギリスとフランスの執拗な開国要求に関しては、逐一当時の薩摩藩主島津斉彬公に報告されていたはずである。

その結果、斉彬が側近に命じて作成させたのが国防政策である「琉球秘策」であった。この内容は英仏国の軍事的圧力に対して琉球をいかにして守るか、であった。

「琉球秘策」では、――琉球ノ処分ハ絶ト和トノ二策ヲ主トスベシ――が要旨であり、その意味するところは「西洋諸国の要求を完全に拒絶するか、あるいは開国止む無しかの二者択一」であって、「戦う」という選択肢はなかった。

琉球にも薩摩にも既にアヘン戦争による清国の敗北が伝わっており、西洋の軍事力にはまだ琉球・薩摩では対抗できないことが明らかであった。

ちなみにこの琉球秘策で使われた「琉球処分」という言葉がその後、一八七九（明治一二）年、日本政府により実施された沖縄県として日本国に編入された史実を指すことに使われるようになった。しかし、本来の意味するところはペリーの黒船が浦賀に迫って幕府に開国を要求した時より一〇年前に、琉球がフランスの軍艦に開国を要求されていた事態にどう対処するか、という薩摩藩の提言が「琉球処分」であったことは記憶に留めておきたい（この項、仲村覚氏の「沖縄はいつから日本なのか」による）。

＊八丈島と玉置半右衛門

前述したように、一八二七（文政一〇）年には英国船ブロッサム号が小笠原諸島に上陸して英国領であることを宣言し、また一八五三（嘉永六）年にペリーが来航した折には、ハワイからの移民を首長に任命して、米英両国間で島の領有権争いになった。

それを重く見た幕府が前述したように第二次巡見使を派遣し、翌年には八丈島から移民を送るなどして管理機関を置いた。ちょうどそんな時期に巡り合ったのが玉置半右衛門であった。

玉置半右衛門は、天保九（一八三八）年一〇月一日に伊豆七島の八丈島大賀郷村に生まれた。元紀州藩士玉置四郎左衛門の長男で、代々農業漁業で生計を立てていた。一八五七（安政四年）、二〇歳の時に江戸に出て商売をしたがうまくゆかず、その後三年間、開港前の横浜で大工の技を磨き、郷里の八丈島に戻って大工として生計を立てた。

文久元（一八六一）年、幕府の軍艦咸臨丸《かんりんまる》で外国奉行の水野忠徳が幕府の第二次巡見使として小笠原諸島に上陸し、測量をはじめ調査を行ない、欧米系の島民に対して、日本国として保護することを説明して日本国の領土である旨を納得させた。

この時も日本語の通じない欧米系の島民との通訳を務め外交的に成功させたのがジョン万次郎であった。その後、一八七六（明治九）年、関係する諸外国の承認を正式に取り付けて、日本国の領有に帰し、一八八〇年、東京府の所属となり、一八八六年には、小笠原島支庁が父島に設けられた。英米系、カナダ人の住民は一八八二年までに日本国に帰化している。

大東亜戦争の敗戦後の占領下を経て、戦後は対日サンフランシスコ平和条約に基づき、米国政府が三権上の権限を行使したが、一九六八（昭和四三）年六月、小笠原の日本復帰に伴い、東京都小笠原支庁小笠原村に帰属した。

その後、西之島、火山列島、沖ノ鳥島、南鳥島を含めて小笠原諸島とし、旧小笠原諸島は小笠原群島と称する。

火山列島は硫黄列島とも呼ばれ、小笠原群島の南西約二〇〇キロにある。北硫黄島、硫黄島、南硫黄島の三火山島からなる。

水野忠徳による小笠原測量・調査の二年後、文久二（一八六二）年、玉置半右衛門は二五歳の時、幕府が小笠原島開拓移民を募集したので他の三〇名とともに、出稼ぎ大工として幕府の軍艦咸臨丸で小笠原島へ渡り、官舎の建築作業に従事した。

この移民団は、百姓の他、大工五名、木挽き一名、鍛冶屋一名、船大工一名を含む男二三名、女一三名から成る、八丈島から小笠原島への最初の移民であった。しかし、翌年、幕府は突然に政策を転換して、小笠原移民召喚令を発したため、止む無く島を去ることになった。

小笠原島では、偶然にも、後にジョン万次郎と呼ばれた中浜万次郎に出会い、鳥島でのアホウドリの話を聞いて興味をそそられた。

万次郎は半右衛門の生まれた三年後（一八四一年、第一次アヘン戦争の頃）に漁に出て遭難して鳥島に漂着し、運よく米国の捕鯨船に救助された後に、米国で教育を受けて日本に帰国後は幕府に召し抱えられていたのである。

移民団の出迎えの軍艦朝陽丸で八丈島への帰途、半右衛門は鳥島を遠望しながら鳥島開拓への意欲を燃やした。

八丈島は、慶長一一（一六〇六）年に関ヶ原の戦いに敗れた西軍の宇喜多秀家が流された島で、以来明治四（一八七一）年に至る二六五年間に、一九〇〇名もの流罪人が送り込まれたため、流人の島とも呼ばれていた。それだけに農地の開墾が進み、食料不足に苦しみ、出百姓と呼ばれた島外への開拓移住者が増えていた。

慶応三（一八六七）年、半右衛門三〇歳の時、江戸に移住し、横須賀造船所で大工として働きながら、小笠原島開拓を幕府に出願するが、許可されなかった。

翌明治元（一八六八）年には、大賀郷村名主の遠縁にあたる須美と結婚する。明治六年に台湾で宮古島の住民が台湾の蛮族に殺されるという事件が起き、征討軍が派遣されるに及び、半右衛門も海軍に従軍して営舎の建設などに従事したが、ほどなく撤去命令が出され、台湾を退去する。

明治九（一八七六）年、長男鍋太郎が生まれた。明治新政府の小笠原島再開発計画が始動して半右衛門も採用され渡航し、官舎造営の任に当たる。翌年任務終了のため帰郷し、さらに自らの小笠原島開拓を出願して九月に許可が降りた。これで小笠原島への渡航は三度目になり、父島の開拓事業に着手する。

その後、明治一二（一八七九）年、四二歳で八丈島に戻り、妻とともに絹織物業を創業した。手船の二見丸でできた品物を内地に運び、東京で販売したところ、「黄八丈」と呼んだ織物が大評判となり、予想外の高値で取引され、品不足になるほどであった。

明治一六（一八八三）年、四六歳の時、東京に移住し、汽船や帆船を手に入れて伊豆諸島と本土とを結ぶ海運業に着手した。明治二〇年九月には、鳥島の拝借願いと定期的な寄港の許可を申請し、翌月に寄港だけが許可された。

この頃、仙台出身の漢英学者の横尾東作という人が、小笠原の南方、四〇～五〇里にある火山島の探検を計画し、東京府知事高崎五六がこれを援助して汽船明治丸を提供することになった。半右衛門はこの好機を逃さじと、明治丸の往復とともに鳥島に寄港することを交渉し、承諾を取り付けることに成功した。

寄港の条件となった石炭料二五円を支払い、同志一二人とともに明治丸に乗り込み、高崎知事の一行五〇余名とともに、一二月一四日横浜港を出港し途中で、三宅島、八丈島に寄港して、二三日に目的の鳥島に到着した。

＊鳥島置き去り事件

上陸した鳥島はまったくの無人島で信天翁《アホウドリ》が群集していた。

文久二（一八六二）年に小笠原諸島で出合ったジョン万次郎が、その二〇年前に漂着した時と同じような状況であったらしい。

最も困ったのは、飲料水がないことで地面を掘っても熱湯だけが出る状態であった。身を寄せる場所もなかったが、ようやく仮小屋を建てアホウドリの卵を食べたり、地下からの熱湯を冷却したりして飲料水にした。

飲料水を確保するために内地から携帯した四斗樽三〇余個を地中に埋めて雨水を集めて貯蔵するなどした。

上陸後、五、六日が経ち、探検の目的を終了した明治丸が、予定通り鳥島に寄港し、闇夜の中から汽笛が聞こえ、船灯が見えて喜んだが、その後船影が見えなくなり、一同はすっかり意気消沈してしまった。明治丸が彼ら島の一行をおいて出航してしまった理由は、この島の付近は潮流が速く船を陸に接近させることが危険なため、止むを得ず内地に向けて出港してしまったのだ。

これが「鳥島置き去り事件」として当時の新聞紙上を賑わした。岡崎出身の地理学者、志賀重昂が東京横浜毎日新聞紙上で「一三人の同胞を鳥島に遺棄し、餓死させようとしている」非人道的事件として、高崎五六東京府知事を攻撃したのである。これに対して、東京府知事は急きょ、汽船芳野丸を半右衛門一行を迎えるために鳥島に派遣した。半右衛門一行は四〇日余りも無人島で生活して、その間、井戸掘りや鳥などの調査をして開拓へのめどが立ったのである。

明治二一（一八八八）年一月に再び鳥島借用の願書を提出し、三月一七日に向こう一〇か年の長期間の許可が降りた。そこで新造船の鳥島丸一六〇トンで一三名を連れて二回目の調査に行なった結果、本格的に鳥島の開拓に乗り出すことになった。

そして今度は人夫五六名とともに帆船駿河丸で鳥島に向かう途中、三宅島と八丈島で暴風雨のため小舟三艘を流出してしまったので、新たに八丈島で二隻を購入したが、結局無一文になってしまった。

鳥島は東京から南へ五八〇キロ、北緯三〇度二九分、東経一四〇度一八分の太平洋上の孤島で、面積が四五・四平方キロである。当時、島中が無数のアホウドリで覆われていて、一〇月にトリが飛来して翌年の四月には去ってゆくが、その間少なくとも一〇万羽のアホウドリを撲殺した。

アホウドリは人間を恐れずに長い首を伸ばしながら近寄ってくるので、素早く棍棒で打ちのめすのだ。図体が大きいので三羽ずつ天秤棒の前後にかけて倉庫まで運び、羽毛をむしり取り、乾燥させてからカマスに詰める。一羽のアホウドリから約一〇〇匁《もんめ》（三七五グラム）の羽毛が取れた。一〇万羽なら三七・五トンになる。カマスに詰めた羽毛は鳥島丸で東京へ搬送したが、船長の小島岩松は航海術に優れ、黒潮の荒波を見事に乗り切った（大東島開拓の際の廻洋丸の船長）。

羽毛は布団の中詰め材に最適で、その肉は食用に骨は肥料に使い、また全島を覆っている鳥糞を肥料にして利用して捨てるところがなかった。

明治二二年には米国のウィンケル社と商談が成立して、三〇年間の売買特約を結ぶことができた。収益も上がったので、高輪泉岳寺に近い東町に「南洋物産業玉置商会」の事務所を設置し、新富町河岸に倉庫を建てた。

羽毛の需要も年々増加し価格も上昇して商売は順調に伸び、明治二九年京橋区山下町二一番地にレンガ造り二階建ての豪壮な住宅を建て引っ越しをして、この年の長者番付に名を連ねた。

明治三〇（一八九七）年には、二本マストの帆船南洋丸二三〇トンを新造して鳥島行きに就航させ、鳥島の借地期限をもう一〇か年延長申請をして許可された。

この年、農務省に遠洋漁業奨励補助金制度が新設され、玉置商会に下付された。

それによって遠洋航海に出た南洋丸の半右衛門は、フィリピン群島への航行中に大東島を遠望して、大東島開拓への意欲を新たにした。

第六章　アヘン戦争と日清戦争

＊アヘン戦争

ジョン万次郎が小笠原諸島北の鳥島に漂着した前年の一八四〇年、清国が英国との第一次アヘン戦争で敗れた。その二年後の南京条約で、清国は賠償金の他、香港の割譲、上海、寧波、厦門、福州、広州の五港の開港を認めさせられた。

さらにイギリスは領事裁判権や居住権をも獲得した。

これが端緒となり、清国はアメリカ、フランスとも同様な協定を結ばざるを得なくなる。この十数年後には欧米諸国は琉球列島から日本本土にも押し寄せ、日本とも軍事力を背景に彼らに有利な相互条約だが、日本にとっては不平等条約を結ぶことになる。

清国の軍事力を見くびった英国は再び難癖をつけて、フランスを誘ってアロー号事件を起こし、第二次アヘン戦争が始まったのが一八五六年である。

清国の役人が商船アロー号の英国国旗を引きずりおろしたことに抗議して、英国はフランスとともに連合軍を組織して第二次アヘン戦争が始まった。アロー号事件ともいう。

これにより欧米諸国との間に天津条約、北京条約を結び、清国はさらなる譲歩を余儀なくさせられた。

そもそも英国が清国にアヘン戦争を仕掛けた原因は、英国にある。

一六世紀後半にスペインの無敵艦隊を破った英国海軍は世界の海を制覇する勢いであった。アフリカ、アジア地域に植民地を獲得し、一八世紀には産業革命を成功させた英国の製品の販路を世界中に拡大して大英帝国の繁栄を極めた。それは一八五一年に世界で初めての世界万国博覧会がロンドンで開催されたことからも明らかである。

そんな裕福な英国がなぜ、清国と戦争を始めねばならなかったのか。

当時英国では、紅茶を飲む習慣が定着していた。植民地であったインドやマレー半島からの紅茶の他にも、中国から輸入する紅茶が多く、その代価としての銀の流出が続いた。

そこで英国はインドで綿花の栽培とともにアヘンの栽培をはじめ、アヘンを中国に輸出し、綿花は英国に輸入して機械で大量生産した綿織物をインドに逆輸出する三角貿易を行なった。その結果、インドの手工業による綿織物産業は衰退し、清国ではアヘンの吸飲中毒患者が蔓延し、銀の不足による価格暴騰が起きた。

当時も人体に害のあるアヘンの売買は、国際法などによる規制はなかったとしても、人の道としての道義上の意識は存在したはずである。通常は、宗教というものがその道義的良心の規範になる。

一五三三年、南米のインカ帝国は、イスパニア（スペイン）軍とカトリック神父によって滅亡した。そして、清国は英国が力でもって輸入させられたアヘンにより、退廃の淵に追いやられた。そこには一片のキリスト教倫理観は見えてこない。カトリックにせよ、アングリカン（英国国教会）にせよ、キリスト教倫理観に変わりはないだろうに。

ちなみに、この翌一五三四年、英国のヘンリー八世はローマ教皇と対立して、英国国教会を設立し、その首長であることを宣言した。

なぜこのようなことが起きうるか。明らかに人種差別である。米国の「独立宣言文」にもまた大東亜戦争前に発せられた「大西洋宣言」においても共通することは、その内容の「自由、平等、博愛」の精神は白人同士の間にだけ適用されるものであって、有色人種に対しては適用されない、という真実が暗黙の了解として言葉の背後にあった。

＊日清戦争

省三が、軍艦比叡に便乗して明治二五年四月帰朝してから、早くも二年が過ぎた。

その頃、長崎に上陸した清国の水兵たちが狼藉を働くなどの事件や、清国の戦艦、定遠や鎮遠が入港して日本側を威嚇するような、我が国に対する清国の挑発が続いていた。

明治二七年六月、朝鮮半島に東学党の乱が起き、清国軍が朝鮮半島に介入し、朝鮮半島の清国からの独立を支援する日本は清国軍を排除するために軍隊を派遣した。

眠れる東洋の獅子、清国との戦争に勝ちを占めた明治の日本は、清国が遼東半島を割譲する講和条件で下関条約を締結した。

日本の開国以来、不平等条約を押し付けてきた西洋列強諸国、なかんずくロシア、フランス、ドイツの三国は、日清戦争後の日本の戦力消耗を見極めたあげく、遼東半島を清国に返還するように圧力をかけてきた。俗に言う三国干渉である。

明治維新以来、列強諸国との不平等条約を改正するためには必須条件であった西洋流の近代化を達成するために、富国強兵策をとり続け、清国との戦争に莫大な戦費を費やしたばかりの新生・日本は、この西洋諸国の傲慢な干渉に対して、為す術がなかった。

泣く泣く、遼東半島を返還するや否や、待ってましたとばかりにすばやく、ロシアが清国よりこの半島を租借し、橋頭堡を築き始めた。ロシアは悲願とも言うべき太平洋の不凍港である、旅順・大連を確保したのだ。

この傍若無人のロシアの振る舞いに、日本人は怒り心頭に発するも、如何ともし難い。ようし、今に見よ、地力をつけて、貴様らを見返してやる！　臥薪嘗胆、それが日本国民の合言葉になった。

今に見よ、その思いが、富国強兵という目標に向けて国民すべてが一丸となり、生産活動にいっそうの拍車をかけたのである。

＊伊太郎と甥の悲劇

明治二七（一八九四）年七月、省三は東京で小笠原諸島を経由して南洋方面に向かい、南洋交易の道を開こうと計画していた。しかし、資力が乏しく後援者もいなかったのだが、図南雄飛の想い止みがたく、四方八方を工面して二〇〇トンの帆船を造り、「宝栄丸」と命名した。集荷した貨物を満載して先ずは小笠原に寄港することにした。

彼の許には伯父の伊太郎の長男の熊太郎という一九歳の快活な青年がいた。熊太郎は、父の伊太郎と別れて一五年が過ぎ、ようやく成人して、今は省三と暮らしていた。

伊太郎の血と省三の気概とを受け継いで、年少ながら稀に見る気迫を備えていた。省三はこの熊太郎を宝栄丸の監督として東京湾を出航させたのだった。

小笠原の母島にいる父の伊太郎は、この知らせに大喜びしたことは想像するだけでも目に見えるようだ。成長した熊太郎の船を率いる姿を早く見たくて、遥か東京湾の方角を眺めて、水辺上に現れるはずの船影を今か、今かと心を躍らせていた。

一日千秋の想いで待つ船が、一〇日経っても着かず二〇日が過ぎても風の便りもない。

伊太郎は島の山に登っては毎夜、火を焚いて船の着くのを待ち続けたが、何の甲斐もなかった。ある日、島の砂浜に打ち寄せられたごみの中に、「宝栄丸」の名を冠した板切れを見つけ、航海途上で難破したに違いないと推測する他なかった。

伊太郎はとうとう落胆、嘆きのあまり病の床に臥してしまった。その後ほどなくして息子熊太郎の後を追うようにこの島で永眠してしまった。

省三にとっての伊太郎は、指導者としてまた恩人として、数十年ほど先に生まれた吉田松陰にとっての叔父の玉木文之進に相当する間柄であろう。信頼してきた伊太郎父子を一時に失い、さらに借金を重ねて築いた唯一の帆船と貨物をも同時に失ってしまった省三の悲嘆は想像を越えるだろう。

しかし、短時日のうちに気持ちを切り替えた省三は、伊太郎父子の御霊を追悼しつつ、彼らの遺志を継いで南洋開発への再出発を企画したのである。

その約二年後、明治三〇年二月、土佐人、依岡省三は伯父の伊太郎の妹フジと結婚した。明治三一（一九〇二）年、省三は、以前火山列島探査の際に後援者として援助してくれた玉置半右衛門に依頼して、帆船を築造する資金援助を得ることができた。

廻洋丸二〇〇トンである。この帆船で、ハワイ付近のミッドウェー島に向うことにしたが、この島は米国領であるため、まず駐日米国総領事エドワード・タンを訪問して、ミッドウェー島方面での鳥の毛と鮭を獲る目的を説明し、了解を得て出航した。

航海は九か月に及び、何度も危険な情況に遭遇しながらも、船員全員が一丸となって乗り切ったが、東京港に寄港した時には、マストは折れ、難破した幽霊船のような姿であった。次回への段取り付けを済ませてきたので、船の修理後に再び航海すれば、充分当初の目的が達せられる胸算用であった。

ところが、当時、ミッドウェー島の帰属については、米国とドイツとの間で、国際的な領有権が確定していなかった。それゆえ、米国領事の内諾も何の助けにもならず、計画の放棄やむなくに至った。

＊大東島開拓

大東島は沖縄本島約三六〇キロ東方にあり、南北大東島と沖の大東島（ラサ島）から成る。平成一二年刊行の南大東村開拓一〇〇周年記念誌に大東島の開拓者として顕彰されているのは、八丈島出身の玉置半右衛門である。

明治八（一八七五）年、当時の内務卿山縣有朋が、無人島の調査を命じた際に、沖縄県の調査の結果、大日本帝国の版図に編入された。

明治二四（一八九二）年、この島に福岡人ら一八名が探検に出かけたが、充分に調査できず、伴った山羊や豚を島に放牧して引き上げた。古賀辰四郎は琉球藩から沖縄県になった明治一二年より、沖縄群島近海には、有望な海産物が豊富にあることを確信して事業を起こそうと、那覇を古賀商店の根拠地に、八重山諸島、尖閣諸島などの他の無人島の調査開拓を行なっている。夜光貝、高瀬貝、広瀬貝などの貝類は、沖縄では当時貝の肉だけを食用として、貝殻は放棄されていたことに眼をつけ、この貝殻を工業用として輸出産業に仕立て上げた。そして実兄の経営する大阪古賀商店を通じて海外輸出をし、この利益を、別な海産物の開拓の資金に当てるようになった。

夜光貝殻などの貝殻採取、買い入れを主な業務として、次第に他の海産物の加工製造に着手していった。同時に明治一七年以降、毎年労働者を尖閣諸島に派遣して、信天翁などの鳥毛採集を行なってきた。その後、古賀辰四郎は生涯を、尖閣諸島開拓経営を主とした事業を展開しようと決意し、日清戦争後の明治二八年四月、下関条約調印直後に、本籍を那覇市に移転したのである。

明治三二年、玉置半右衛門が政府より、南北大東島経営の認可を受けて、改めて島を調査することになった。

玉置半右衛門は、天保一〇年、八丈島大賀郷村に生まれ、年少の頃は貧しく苦労し、満足に教育も受けられなかったが、気宇壮大、識見高邁な人格は、彼に接する人々を魅了した。明治二〇年に鳥島を開拓して鳥毛を採集し販売して、大きな財を成すまでの半生は、第五章に記した。

大東島はそれまで、誰も開拓を試みようとする人間はいなかったが、玉置はここに着目して経営の認可を受けていた。

玉置の出身地の大賀郷村の村長浮田欽吉（宇喜多秀家の子孫）は玉置に賛同し、大東島方面で、鮫などを採ることを目的に探検隊員を募集した。船は三本マスト一八〇トンの廻洋丸が用意され、船長は小島徹三で、依岡省三はその事務員として玉置から航海全般のことを委嘱されていた。やがて、八丈島島民を主として、船長、事務員を加えた総勢二〇人の探検隊が組織され、廻洋丸は明治三二年一一月初め八丈島を出帆し、大東島に向った。

省三は、大柄な体に似合わず、話術が巧みで、船中では、省三の放談を聞くのが、みんなの唯一の娯楽になった。しかし、省三がまだ見たこともない大東島について「島の周りは岩壁が切り立っているところばかりだから、梯子を掛けてよじ登る他はない。島の内部は密林が鬱蒼としていて、昼間でも暗くて魔物でも出そうなところじゃよ」などと語りだしたから、そんなところじゃあ、もう止めよう、と言い出すものが出てきた。それでも船は難航を続けながらも一行の志気も消沈しがちであったが、船長の小島徹三と依岡省三だけは、いつも元気であり、特に省三の豪放快活な気性からの言動が、みなを活気づけた。

ようやく船が那覇港に着いた時、玉置からの電報が届いており、一行の安否を気遣った玉置が、ひとまず航海を中止して引き返せという内容であった。真っ先に反対をしたのが、船長の小島徹三で、省三もまた、一行を叱咤激励してそのまま航海を続けることに意を決した。明治三三年一月二三日、廻洋丸は終に目指す大東島に到着した。

船がようやく島に近づいたが、接岸できる地点が見つからないので、省三はやむなくフンドシ一つになって海に入り、艫綱を引っ張って船を岸に着けた。上陸後は荒磯にテントを張ってそこで寝起きしていた。夜になると蟹がテントの張り綱をはさみで切るのを見て、毎日、蟹を捕獲するのが日課になり、毎食蟹を食するようになった。

まず、伐採した自然林を利用して住む家を建て、開墾に着手した。最年長の沖山権蔵が淡水の池を発見して、権蔵池と命名した。また、明治二四年に大有丸の古賀辰四郎ら福岡の探検家が放置していった山羊や豚なども成長していて、必要に応じて捕獲することができた。開拓も順調に進み、製糖事業にも乗り出し、その後大東島の主要産業となる基礎を築いた。

生活できる見込みがついた一行二三名と、ここで別れた省三は明治三三年二月七日、さらに南下してグアム島に向った。

島に残った二二名は、こんな生活をしている間に、少しずつ、島の開墾を手がけて、次第にサトウキビの栽培に着手した。この事業は後に、東洋精糖の事業として継承されるに至る。

北大東島村誌によると、当時の奈良原繁沖縄県知事が北大東島の視察を終了した明治三六（一九〇三）年六月二〇日の時点までは、無人島であった。

その頃、南大東島では移住者が二一五名（男一一五、女一〇〇）に増え、開墾地が一〇五町歩で耕地の九割に甘藷栽培がされていた。

明治四一（一九〇八）年、省三の弟省輔の世話で南大東島の砂糖栽培の事業を鈴木商店の東洋製糖が買い受けることになった。

玉置半右衛門は明治四三（一九一〇）年に燐鉱の採掘事業を開始したが、翌年病に倒れ、事業は廃止になる。

その後、一九二〇（大正八）年五月、東洋製糖が採掘を再開した。

第七章　サラワクでの中国人暴動

＊秘密結社「三合会」

ジェームズ・ブルックが王位について間もなく、彼はサラワクに住む小さな客家《ハッカ》人社会が、国にとって大きな資産であることを改めて認識した。そしてサラワクへの中華民族の移民を奨励し始めた。

大勢の福建人の小売商人や商売人がクチンに定住するようになるまでには、そんなに時間がかからなかった。一方では、スワトーからの中国人が農民として第一管区に定住し始めた。客家人は、ブルックの統治以前から彼ら自身の共同体の掟に従ってサラワクで生活していたので、彼らとブルックとの関係は、大変友好的であった。

一八五〇年代には、サラワク在住の中国人はまだ、小さな社会であったが、オランダの支配するボルネオ南部の国境を越えて、悪政を逃れて続々と中国人がサラワクに流入してきた。モントラドの中国人たちは、大半が金鉱山労働者で農民も混じっていた。鉱山労働者たちは、すぐにバウやパク、ツンドンに定着し始め、会社に採用された。

農民たちはシニアワンやセボバンで平和な生活を送ることになる。しかし、オランダ領から追放された気性の荒い人々が、その後、農民たちをも暴動に巻き込むことになるのだ。会社の主要所在地は、バウの町であった。

バウにある秘密結社は、ブルネイの貴族たちの信奉者が指導者であることは、今ではよく知られている事実である。

結社はサ・テア・キアウ・フエと呼ばれ、中国の三合会の末端組織である。三合会は既にシンガポールに硬い地歩を築き、極東地域全体に影響を及ぼしているらしい。

組織に入会するのを拒む中国人を殺す事件が連続して起きたことをみても、結社の活動が活発になっているようだ。

入会を拒否する人間は信用できないと判断され、殺される。殺された者の血を飲み、切り取った耳は裏切り者の見せしめの印としてボスのところへ送られる。

三合会は一六二八年に滅亡した明王朝を復興する目的をもって設立された。従って三合会の原点は政治的なものであったが、長年の活動を経て変化して政治性を失い社会的な無政府状態になった。

三合会のモットーは「天に従い、正義に殉ずる」ではあるが、組織の構成員は殆どモットーに見合った活動をしていない。そんな組織に属することが発覚すれば、中国では打ち首かあるいは、耐え難い拷問に晒された後、殺されるという刑罰が待っている。サラワクでもブルック政府は秘密結社の幹部には死罪を設けた。

一八五〇年代初頭、この結社は金鉱山労働者を結集してより攻撃的で頑強な組織になってきた。中国人は入会を強制され、あるいは脅かされて、シンガポールの三合会の幹部がバウでの組織強化を支援するために訪れた、カーユンというその男は、すぐ政府に目をつけられ結局逮捕されて死刑の宣告を受けた。その他の組織に関与した人々は、罰金刑や体罰刑を科された。

一八五二年、役人が結社の一員としてよく知られた犯罪人を逮捕するために派遣された時、彼らは数度に渉って役人が実力行使をするのを攻撃して妨害した。

ジェームズの甥、チャールズ・ブルックはすぐさま強い軍隊をバウに派遣した。中国人たちは重武装をしてはいたが、まだ充分に政府軍に戦えるとは思っていなかったので、謙虚に釈明をして犯罪者を引き渡した。中華民族の酋長はシニアワンの下流のベリダに砦を築き、火炎武器を装備するよう命令された。彼らはまた、砦の警護兵の給料の支払いも命じられた。砦の目的は中国人たちを監視することであった。要塞はマレー人守備隊を率いるシェリプマツサンの管理下におかれた。

ラジャー側の次にとった行動は大きな失敗だったことが明らかになった。ブルックは中国人たちが人知れず確実に武器を集め、軍備を増強しているのを知っていたが、平和好きな陸ダヤクの人々と生きていくには、軍備など必要などなかった。ラジャーは、一〇〇丁のマスカット銃を引き渡すように命令をしたが、後になって気持ちを変えた。組織はこの動きから、貴重な教訓を学び、政府に引き渡すような振りをしながら、自分たちの意図を実現する軍備を固める決意をしたのだ。チャールズ王子は武器を没収するという最初の命令を撤回したのは重大な失策だと思っていたし、後にコメントした。

「厳格すぎるのは間違っている。が、いずれにせよ、容認するか罰するか、どちらかだ」

チャールズ王子は、中国人を有利になる見込みがあれば、国を発展させるのが好きな、冒険心に富み活力のある人々だと見ていた。しかし、最初にサラワクに来た当初は、一般的な思い込みで、中国人はごろつきや泥棒だと思っていたが、すぐに、彼らもまた、他の民族と同じように正直者だと認識するようになった。

＊中国人暴動

彼らの活力ある存在なくして、これら東方の国々はもっと貧相を呈していただろう。

一八五七年、サラワクには四〇〇〇人の中国人がいたが、主として鉱山地域、それもサンバスのスルタン領土に近い金の鉱山に定住していた。バウの組織の幹部たちは、彼らの計画を実行する時には、隣人たちに協力を頼めるという自信を持っていた。サンバスのスルタンもまた、サラワク政府を転覆させるためには、喜んで協力することを明らかにしていた。というのはブルックの統治下でサラワクが繁栄し、領内のダヤク人が悪政を嫌いサラワクに逃亡するのを、快く思わず、嫉妬心を抱いていたからだ。

一八四〇年、英国と中国（清）との間のアヘン戦争により、上海他五港の開港を約束させられ、阿片の輸入も事実上公認とされた。これに対して清国内での反英運動が激しくなり、英国が期待したほどの商業上の利益は上がらなかった。中国人全員に英国製の靴下を履かせようと意図した英国である。この情況を改善するためには、再び戦争を起こして条約の改正をするべきだとの意見が優勢になってきた。清の葉両広総督は、英国人の首一つにつき、三〇ドルの賞金を掛けて、英国人追い出しを画策した。一八五六年にはアロー号事件が起こり、第二次アヘン戦争といわれるアロー戦争に発展していく。

清国における騒動がシンガポールに伝わる頃には、詳細に至るまで脚色され増幅されて、中国人の感傷に響き、暴動に発展するまでになった。この中国とシンガポールでの騒乱のニュースがサラワクに伝わると、サラワク在住の中国人の間に不安が増大した。

ロンドンではちょうど同じ時期に、ラジャーの行為に関する査問委員会が開かれていた。英国政府はサラワクに対して一切の援助をしないことにし、中華系住民はこれこそが、英国はラジャーのサラワクの支配を認めていない確かな証拠だと信じたのである。

その結果、一八五二年にサラワクの支那人は公然と政府の役人に反抗して、結社の社員が逮捕されるところを妨害した。チャールズ王子が一時これらの反逆者たちを弾圧したので表面上はおとなしくしていたが、一八五六年一〇月、中国政府からサラワク政府に対して支那人の住民の取り扱いについて抗議し、さらに挑発するようにサラワク在住の英国人（当時一〇人ほどだが）に対して一人宛て三〇ドルの報奨金を要求してきた。これに勢いを得たクチンの支那人が蜂起し、政府の役人を虐殺する行動に出たが英国人のうち宣教師と商人は危害を加えない方針であった。

チャールズ王子は急きょクチンに戻ったが、見るからに平穏だったので安堵してセカラン要塞を守備するために赴任した。

年内は平穏に過ぎたが、一八五七年に入るとすぐ、天地教徒はバウにいる支那人教徒約五〇〇名を招集して一八日、サラワク河を船でクチンに向けて出発した。その途中で、この一団を見たマレー人が大いに驚き、クチンに急ぎ戻って政庁の役人に告げたが、彼らは誰もその言葉を信じなかった。

その夜になって、クチン在住の英国人が襲撃された。ジェームズ国王は通報するものがいて素早く難を逃れ、支那人たちの乗り捨てた船の底に隠れて知り合いのマレー人の家までたどり着いた。その直後、ラジャーの屋敷は焼き払われた。他の英国人役人の家を襲った暴徒は二人と従者だけを殺傷して家に火をつけた。

翌朝、天地教徒の首領はすっかり天下を取ったような気分で、政庁の国王の椅子にふんぞり返って脚を机の上に投げ出して、指揮をし始めた。役所に宣教師、ボルネオ開発の社長、主な商人など英人たちを集めて、クチン市内の外国人の取り締まり及び治安について必要な招致を命令した。また、国王ジェームズを捕えるために賞金を懸けて探す命令を出した。また、チャールズ王子宛てに伝言を送り「貴方から当方を攻撃しないならば、当方もそちらを攻撃しないし、現在いる地方の統治者としてお任せする」と暴徒にしては軟柔な申し出をした。王子の強さを知っていたため懐柔策に出たのだ。

その翌日の午後、バウから来た支那人たちは、クチン全域にわたり奪い得る限りの武器や財貨を略奪してバウに引き上げた。その後もクチンは依然として支那人の占領下にあった。ジェームズはしばらく市外のマレー人の家に潜伏していたが、やがて急を知ってシンガポールから駆け付けたボルネオ会社汽船のサー・ジェームズ・ブルック号に避難した。

一方、支那人の首領からの手紙を受け取ったチャールズ王子は激怒して、ダイヤ族兵士の精鋭部隊を引き連れてクチンに急行して、ジェームズ・ブルック号からの砲撃と呼応して支那人暴徒を攻撃した。チャールズ王子の部隊の果敢な突撃に耐え切れずに支那人暴徒は全員バウへ逃げ帰った。

これらの天地教徒支那人がバウに帰るや否や、結社に入会することを拒み続けていた支那人たちが、日頃から受けていた迫害の報復に、この時とばかりに起ち上がり教徒たちを殺傷した。またバウ周辺に住んでいたオランダ人たちも、支那人たちを捕縛し掠奪してきたものを取り上げて、すべてクチンに返送したのである。

この暴動の結果、殺害された支那人は約二〇〇〇人で、その半数は女と子供であった。

第八章　サラワク王国の海賊対策と英国政府

＊ブルネイ王と海賊

ボルネオ近海に出没する海賊は当時、南洋の名物とも言える厄介者であった。海賊を主な生業とする種族は、イラナン、バレニニ、パジャウス、スルース、その他ブルネイの北東海岸に生息する部族であった。このほか、前述した海ダイヤ族の海賊は通商に被害を及ぼすことが比較的少なかったが、人命を損なうことにおいては最も凶暴であった。さらにブルネイ王自らが海賊から利益供与を受けるために、むしろ海賊行為を奨励していたのだ。従ってこれらの海賊は堂々と諸地域の沿岸を荒らし回り、抵抗するものは虐殺したり奴隷として各方面に売り飛ばしたりした。彼らの略奪地域は極めて広範囲にわたりフィリピン、セレベス、ボルネオ、スマトラ、ジャワ、マレー半島、ニューギニア一帯、ベンガル湾に及び、南シナ海のナツナ、アナンバ、タンビランの島々はこれら海賊の潜伏地となり補給所、避難所でもあった。

海賊船は概ね六〇トン、長さ三〇メートルくらいが一般的で、一〇〇人ほどの奴隷が漕ぎ戦闘員は三〇から四〇人が乗り込んでいた。

船の舷側には堅固な木製の障壁をしつらえ三キロほどの弾丸を防御できた。また部分的に鋼鉄製もあった。さらに真鍮製の大砲を数門備えていた。このような船が二〇から三〇、多い時には二〇〇艘もの艦隊を編成して堂々と荒らし回っていたのである。ブルネイ王の公認の海賊では、さすがのラジャー・ジェームズ・ブルックでも手をこまねいていた。

海上で討伐することが困難なので、英国人兵士が海岸にある海賊の根拠地を襲ったが、彼らは巧みに船に逃れて、英人兵士をやり過ごすことが多かった。

シンガポール近海がたびたびこれらの海賊に荒らされていたこともあり、当時シンガポールの英国政庁に属していたケッペル海軍大佐は、ジェームズの努力に心底共鳴して自らも海賊の討伐を引き受けることにした。

一八四三年五月、ケッペル大佐は英国軍艦ダイドウでサラワクを訪れ、ジェームズは歓待した。二、三日滞在後も掃海航行を続けて幾たびか海賊と遭遇し戦った後、最も強力なサリバス族の海賊を討伐して、ほぼ七日間でボルネオ北西岸付近の有力な海賊勢力の大半を攻略した。長年サラワクを悩ましてきた海賊はたいていがこの方面の部族であったので、ケッペルの尽力によりジェームズの海賊討伐という統治方針をある程度実現できたといえる。

ケッペル大佐の去った後に、サー・エドワード・ベルチャー大佐がサマラン号という軍艦に乗ってクチンを訪れた。これは英国政庁の命によりボルネオ北西岸の実情を調査し公報するとともに、ジェームズ・ブルック個人に対して敬意を表するためであった。ジェームズはこの軍艦に同乗して、ともにブルネイ国王を訪問したが、当時天然痘が流行していたので二時間ほど滞在しただけで軍艦はシンガポールに引き返した。この行においてジェームズの目的は達せられた、というのは、ブルネイ王に今後サラワクの統治権を永久に委ね世襲的に位に就くことを承認させたからである。サラワクの王位継承権問題が解決したことになる。

ケッペル大佐の海賊討伐作戦の後も、海賊は依然として近海に出没していた。英国政府も海賊退治を望んではいたのだが、この方面においてオランダと闘争になることを避ける意図もあって、積極的な海賊討伐を続けることをしなかった。そのため一八四四年以降、少なくとも二年間は海賊の跳梁を放置せざるを得なかった。

ジェームズは、ラジャーという彼の地位の重さに改めて気づき、統治のために自ら二万ドルを投資していたが、できれば英国王室にサラワク統治権を移譲したいと望んでいた。

英国の国力をもってすれば、サラワクの潜在力を開発し、諸河川の沿岸を有効な通商市場となし得ることをジェームズは自らの体験から感じていた。

しかし、当時の英国政府はニュージーランド開拓に関して問題を抱えており、また近隣では清国でのアヘン戦争関連で多忙な時期であったので、南洋に別な植民地をつくることは避けたかった。大政治家と讃えられていたグラッドストーンの内閣もサラワクの統治に関しては消極的でジェームズを落胆させた。しかし、ジェームズ自身は孤立しても不撓不屈《ふとうふくつ》の精神でサラワク国統治を着々と実績をあげていた。また近隣の海岸地方からラジャー・ブルックの行政手腕を頼って五〇〇〇家族のマレー人も移住してきたほどであった。

一八四五年二月、英国軍艦ドライヴァー号（艦長ベチューン大佐）がサラワク河を遡上し碇泊した。大佐はアバーヂン卿からジェームズ宛ての公文書を携えていた。この公文書によって、ジェームズがかねてから英国政府に要請していた通り、ボルネオにおける特任使節の任命を受けることになった。

それを受けてジェームズは直ちにドライヴァー号でブルネイに赴き、英国外務省からの公文書を手交した。その文書には、英国が海賊を討伐する代償として、西北海岸の適当な地を選定して、英国の植民地として海賊対策及び石炭補給地とすることを要求していた。ブルネイ王は英国の要求を受け入れた。

しかしブルネイ王室の収入の大部分が海賊からの冥加金《みょうが》であったため、海賊の親分マルドウとウスマンに脅迫されたブルネイ王は、親英派のハシムとベドルジンを外し、ジェームズに戦いを挑んだが、たちまちのうちに敗北した。

翌年一月にも再び海賊に脅迫されたブルネイ王は、遂にハシムとベルジンを暗殺してしまった。

ジェームズはもはや、ブルネイ王を討伐する決心をせざるを得なかった。

英国政庁に請求して、インドに派遣されていたサー・トーマス・コクレーン司令官は、その年六月末に数隻の軍艦を率いてサラワクに赴き、ブルネイを攻めた。ブルネイ王は敗れてその衛兵五〇〇とともに山中奥深く逃げ込んだ。英国艦隊はパザード号一隻を警備艦として残し、インドに引き返した。

この戦いの結果、ジェームズはもはやブルネイ王の支配下の王侯ではなくして、サラワクは完全に独立した国となった。

一八四六年末に、マンヂー大佐が英国外務大臣パーマストーン卿からの公文書を携えてサラワクに来た。その文書には、ブルネイからラブアン島を割譲させるよう、然るべく計らいたしとの内容が記されていた。ブルネイ王不在の今、サラワク王のラジャー・ブルックに権限が委譲されたことにより、形式的にラブアン島は英国領となった。

英国よりも先にこの南洋方面に勢力を拡大してきたオランダは、英国のラブアン島占領は一八二四年の条約に反すると抗議をしてきた。しかし、この条約によると、ボルネオにおけるオランダの勢力範囲は赤道以南であり、赤道の以北は英国の領域とされていたことを指摘すると、オランダも納得し、ブルネイ王国に関しては一切干渉しないことを了承した。

一八四七年一〇月、ジェームズ・ブルックは英国に帰国し熱烈な歓迎を受けた。女王はウィンゾル宮殿で謁見《えっけん》を賜った。政府からはラブアン島知事、ボルネオ総督兼総領事に任命され、勲二等に叙せられた。ロンドン市は彼に公民権を授与し、オックスフォード大学は法学博士の学位を贈った。また、種々のクラブは彼を名誉会員に推挙した。翌年二月、祖国を後にしてサラワクに戻った。

一八四九年、英国首相パーマストーン卿は、六月二四日付の公文書でサラワク国の不朽に繁栄することを祝福して、女王陛下の英国政府がサラワク国の国旗を承認することを伝えたのであった。

一方、この年には海賊の勢いは益々盛んになっていた。サラワク沿岸域はまだしも、ブルネイ領は頻繁に害を被り、サラワク領外に跋扈する海賊は、セリバス、セクラン両族を主とした約二万五〇〇〇人ほどであった。セクラン族の酋長マタハリだけは、ジェームズによく親しみを見せ、たまにはサラワクで首狩りでもやらせてくれと冗談を飛ばすほどであった。

ジェームズは近海の海賊を討伐する必要を痛感しており、この年の中頃、二四隻の船に八〇〇人のマレー人兵士を連れて海賊討伐に向かった。この結果海上一〇マイルに渡って海賊には大打撃を与えた。その数年後には西端のダトー岬から、さらに東側のマルドウ湾の間は平和な海になった。

*英国国内での誹謗中傷

本国より遠く離れた赤道直下のボルネオ島で、日夜悪戦苦闘しているジェームズ・ブルックの身の上に思わぬ問題が、その本国で起きていた。

ジェームズはサラワクに来る以前に、ある話を持ち掛けられて数千ポンドの損失を被った詐欺師のような男がいたが、そのワイズがサラワクを買収したいという会社の商談を持ち込んで来た。

ジェームズはサラワクを私的利益のために利用するような山師のような気持ちは一切持っていなかったので、即座にこの話を拒絶した。ところが、これを根に持ったワイズが英国の政治家たちに、言葉巧みにジェームズに関してでたらめな報告をし始めた。と同時にシンガポールの新聞業界にも手を回した結果、シンガポールの新聞はジェームズの性向に関して誹謗・中傷、流言蜚語を書き立てたのだ。それらが英国の政界に跳ね返って、英国国内を騒がせた。

当時の英国の政界には、コブデン、ヒューム、グラッドストーンなどが活躍していたが、折も折、議会ではちょうど南洋での海賊のことが問題にされていた。

そこでは一八四三年以来、英国海軍の一部とともに海賊討伐に実績を上げてきたラジャー・ブルックが批判の的となった。

『デイリィ・ニュース』などはシンガポールの新聞記事を基にジェームズを「土人虐殺など無益な殺生をした」などと攻撃した。それに刺激された平和協会や土人保護協会などが安易な人道主義を掲げて批判した。

一八五〇年七月一二日の下院では、ジョセフ・ヒュームが「当代においてかつてなかったほどの最も残虐な虐殺の一つ」と見てきたような動議を上程し、ジェームズを「血と残虐の行為の張本人」とまで指弾する虚言の大雄弁を行なった。

ただ、ヘンリー・ドラモンドだけは、この誹謗中傷の本源であるワイズの行為を暴露して、このような詐欺師の虚言を信じて動議を上程するなんぞは「英国議会の恥だ」と力説した結果、この動議は一九八票対一四〇票で葬り去られた。

しかし、議会の外でのジェームズに対する攻撃は止まず、依然として執拗に攻撃が続いた。前述のコブデンはバーミンガムでの街頭演説の中で「ジェームズは東洋に出かけた一私人の冒険家に過ぎないのに、ヨークシャー州と同じ大きさの領土を持ち、土人を放逐して彼らに海賊の汚名を着せて我らの軍艦まで派遣させて、罪なき土人たちを虐殺した」とまで、罵った。

翌一八五一年七月一〇日、ヒュームは王室委員会に対して「サー・ジェームズ・ブルックの過去の行状を審査すべし」との動議を提出したが、二三〇票対一九票の圧倒的票差で否決された。

そんな中で、さすがに大政治家のグラッドストーンはジェームズの品性と行為とを高く評価してジェームズを信頼していた。また、パーマストーンとドラモンドとは初めからジェームズを支持し、『タイムス』をはじめ大多数の新聞も彼らに倣ったので、一般の国民はジェームズを立派な人物として信頼した。

この当時のジェームズの心境を後年になって、サラワク王妃シルビアが回想して記している。

「ラジャー・ブルックの一生を通じての闘いのうちで、この英国での政治的な紛争が最も彼を悩ましたのです。大砲や他の武器による攻撃には慣れ切っていた彼も、新聞を通しての非難・中傷にはまったく当惑してしまった。

その上、天然痘を患って昔の面影はすっかり変わり果ててしまったの。この時代が彼のもっとも悩み深き時期で、彼の剛毅果敢な精神も次第に失われてゆくようだったのです」

ジェームズはラブアン島からペナンに出かけた際に、ペナン島の英国領事を通じて英国政府からの命を受けてシャム国（現タイ）へ向かった。この彼の不在中にクチンにアメリカ合衆国からの使節が到着した。その使節が奉じた公文書にはサラワク国元首宛ての尊称が用いられており、今後友好関係を結びたいとのことであった。さらにこの使節は全権を米国政府より委任されているのでサラワク国と条約を締結したいこと、またアメリカ政府としてサラワク国王が海賊を退治したことに対して深甚なる敬意を表したい旨、またその国民及び近隣の土人たちを文明の恩恵を供与する努力に対して敬意を表する旨などを認《したた》めてあった。

ジェームズが本国政府にその件に関して報告すると、外相パーマストーンはジェームズに米国と自由に外交関係を結んでよいと承諾した。

一八五一年一月、ジェームズは健康回復のために再び英国に帰国した。この旅は完全な保養が目的であったが、意外にもいまだにジェームズに対して過激な攻撃を仕掛けるものが、議会の内外にも存在し、彼らを論破するために多くの勢力と金とを費やさねばならなかった。

一八五二年四月三〇日、当時ロンドンに滞在中のジェームズのために、ロンドン・タヴァーンにおいて盛大な晩餐会が開催された。それはジェームズの今までの功績、南洋において海賊の討伐、通商及び人道・文明の向上のために尽くした努力を顕彰するためであった。

上下両院議員、イングランド銀行総裁、陸海軍将校ら百余名が列席した。その席上でジェームズは、英国内外において彼に対する何の根拠もない誹謗中傷に対する痛烈な反駁と、彼の南洋に対する信念を堂々と雄弁を披露して満場を沸かせた。さらに立ち上がったアルダーソン男爵の演説には、味わいがあった。「古来より人類のために尽くした最大の偉人たちはその存命中は概ね非難されているものだ。ジェームズも然り、現在非難されていることをもって祝福されるべきだ」と。

ジェームズは一八五三年四月に英国を出発してサラワクに帰国した。サラワクに戻るとすぐに天然痘に感染した。クチンには当時一人の医師もいなかったが、同僚の英国人や現地の人々がそれぞれの風習に応じて献身的に看病してくれたお蔭で、大事に至らずに完治した。

英国では翌年の九月、一〇月にわたりジェームズの業績に関して審判する委員会が開かれて、そこではサラワクと英国の関係についても議論された結果、今後はシンガポール方面の英国海軍をジェームズのために動かすことを中止する決定がなされた。しかし、この時までかなり海賊の勢力が平定されたのは、ジェームズの尽力のお蔭であり、またサラワクの民の平和を願って取った行動であるのだ。

ジェームズ・ブルックは一八六三年に健康を損ねるまでの二〇年以上にわたり、混乱の中を統治した。その年に彼の甥のチャールズ・ブルック王子を国の監督官として即位させ、サラワクを離れた。

残りの人生を、英国南西部のデボンの荒地にある家で過ごした。乗馬や狩猟を楽しみ、教会の雑用や所有物の修繕などをのんびりとしたり、六五歳で一八六八年六月一一日に世を去るまで平和な人生を送った。

二七年間、サラワクの国王であった。

第九章　二代目チャールズ・ブルック国王

一八六八年八月三日、町中の群衆を前にして、サラワク王国の二代目王の就任式典で、簡素ではあったが感動的な儀式が執り行なわれた。宣言文が読み上げられ、新任ラジャーの旗が町中に高々と掲げられた。伯父に愛する国土の統治を任せられる人物として信頼されていた甥は、明らかに献身的であった。サラワクに新しい時代の到来である。

チャールズは、伯父ジェームズがサラワクから引退した政府を引き継いでから五年になるが、彼は名前以外のあらゆる意味でラジャーであった、といえるだろう。それまでにサラワクに一〇年以上住んでいたが、クチンの住民は彼のことをほとんど知らなかったため、人気もなかった。

これとは対照的に伯父のジェームズ初代のラジャーは、個性豊かで魅力を備えており、近く接する者は敬服し、また賞讃するのであった。が、二代目のラジャーはずっと控えめな男であった。

人々は、遠くからは尊敬の眼差しを注ぐが、いざ接すると落ち着かない気分になるようで

二代目チャールズ・ブルック国王（騎乗）

あった。

彼は年来、彼自身不要だと思っていた社会的魅力を身につけることが難しい現場で過ごすことが多かった。

しかし、彼が一見魅力に欠けることがあるとすれば、それを補うに余りある力を、他の分野で備えていた。彼は公的負債が一万五〇〇〇ポンドという年間の国家予算に匹敵するほどの貧弱な財政状態で無秩序な国を引き継いだのだった。

ジェームズ・ブルックは立派な統治者であったかもしれないが、行政的には弱く、また財政に至ってはもっと悪かった。

ジェームズはまた、個人的資産を国につぎ込んだが、在任中、サラワクでの農業や商業の顕著な発展には繫がらなかった。この国にとって幸運なことに、チャールズ・ブルックはこの点では伯父と正反対であった。

王子としての立場から、伯父の代理として、彼は既に様々な行政上の改革に手がけていたのだ。そのうちでもっとも注目すべきものは多くの部族社会の支配者たちが、国家単位の重要な案件について、自由に意見を表明できる国会を開設したことである。役人官吏に対しても厳しく、自身がやるように勤勉で働くことを要求し、毎月の報告書提出や正確な経理管理を義務つけた。

就業規則を定め、定期的に地方の役所に抜き打ち訪問をし、彼の命令が確実に施行されているかを管理した。また贅沢な傾向を見て取るや、決して許さず難色を示すので役人たちは、陰日向なく仕事に打ちこむことになった。その日の仕事が終わった後は、読書や休息で過ごすことを役人に奨励し、国の行政から細目に至るまで、効率ということが最優先であった。言うなれば鉄拳の支配といっても過言ではなかったが、確かな結果を得たのだ。

＊チャールズの生い立ち

一八二九年六月三日、サマセットに生まれ、母親のエマがジェームズ・ブルックの二番目の妹であった。船乗りとしての教育を受けた彼は一五歳の時、一八四四年に初めてサラワクを訪れ、出没する海賊の探検に参加した。一八四七年には見習い士官としてミアンダのケッペル船長に仕えた。

翌年ジェームズ・ブルックがミアンダ号で英国から戻る時、チャールズも乗船していた。一八五二年、シナ海がほとんどだが、多くの船で船員として広範な経験を積んできたチャールズは、中尉に昇進した。もっとも活発に活動したのは東の海での対海賊行動であったが、海軍時代を有意義に過ごすべく努力してきた。様々な艦船上で不快な経験をしてきたので、サラワクのジャングルの中では比較的に平常心を保てた。

彼は書いている。

「海軍教育は少しの兵役、大砲の訓練、獣類の管理や直接的な船舶の技術などの習得を総合したもので、人は大工仕事のアイデアも学び、最後に重要なことは、管理と秩序に対する観察眼を養うことができる」

一〇年間の海軍勤務後、一八五二年に二年間の休暇がもらえたので、ボルネオで過ごすことに決めた。彼の兄も伯父も既に当地にいるので何の問題もなかった。兄のジェームズ・ブルックは一八四八年九月、サラワク王の継承者として選任され、王子の称号を与えられ王室に勤務していた。海軍を退役したチャールズはそのままサラワクにとどまることに決めた。

彼の若いうちの最適の時期を現場で生活し、勤務についてきた。彼の生活は何か月もの間他の白人とは会わないようなさびしいものではあったが、次第にこの生活が好きになっていった。青々とした密林の環境が彼を魅了し、密林の住人のイバン族とも強い絆を結びつつあった。
チャールズはイバン族の慣習や言葉を学ぶにつれて当時の西欧人の誰よりも深くイバン族を理解できるようになった。クチンから離れて生活することは彼の兄と伯父の絶え間ない喧嘩から距離をおくことができた。あちこちの現場での経験が、彼を東洋の習慣と礼儀を身につけた彼特有の人格を形成するのに役立ったのである。生活するのに何もなくとも、良き書物と規則正しい運動をして汗をかくことが、サラワクでは幸福であり、健康を保つ秘訣だと悟ったのだ。

どんな西洋人もここで生活すれば、それ以上のものは期待しないだろうと思うのだ。

彼は異性への関心を決して隠しはしなかったし、特に原住民の女性と交わることが楽しかった。英国でもサラワクでも、チャールズは原住民の女性との間に一人以上の子供をなしたことは、よく知られている。

兄のジェームズ・ブルックが不慮の事故で亡くなった後、チャールズが伯父に仕えた年月は、決して容易なことではなかった。サラワクに平和を維持することは困難な課題であって、彼と彼のダヤク族の軍隊は防衛のために召集されるのが常であった。一八六三年に伯父のジェームズが退位したものの、サラワクの動向については注意深く観察をしていたので、チャールズは、政策の決定や変更する前には、いつもジェームズに照会しなければならなかった。だから、初代のラジャーが亡くなるまでは、チャールズ・ブルックはラジャーに任命されるのかどうか不安であった。

ラジャーには、最も親しく腹心の友とも言うべき二人がいた。バーデットコート女史とスペンサー聖ジョン氏であったが、彼らは、王位継承については選択の余地がないと思っていた。バーデットコートにとっては、チャールズは悲しいことに、伯父のジェームズが豊富に備えていた、英国紳士としての社会的優雅さに欠けるところがあった。

聖ジョンはサラワクの西欧人を感化することができないほど、チャールズはおとなしすぎる、と見ていた。二人はラジャーと英国政府が賛意を表しているサラワク会社を設立する計画を練っていた。が、その計画は現実化しなかった。多くの人々が心配していたのは、伯父ジェームズが亡くなれば、ブルック・ブルックがサラワクに戻ってきて、彼こそは正当な王位継承者だと主張することであった。それに多くの人々が、彼の主張の後押しをする恐れがあったのだ。

彼らの意見では、文明的に洗練されたライフスタイルを持つ弟のブルック・ブルックの方が、彼の兄よりラジャーとしてよりふさわしい、というものであった。

チャールズと伯父ジェームズとの仲は不和という間柄に近かった。が、ブルック・ブルックはサラワク在住の西欧人の間でも評判がよく、社交的で魅力的であるのに、伯父から不当な待遇を受けている、と思われていた。ブルック・ブルックがサラワクに戻ってきて欲しいと望んでいたものたちは、伯父が亡くなって数か月後に、彼が体調を崩して亡くなったことを聞いて失望した。いつも厳格できむつかしそうなチャールズで満足しなければならなかった。

時々、彼が語ったことは、人々を驚かせた。彼は、サラワクのような国にとっては、人口構成からいうと最適な人々は、西欧人と原住民との結婚から生まれる子孫たちだと公言した時は、国中からの批判に晒されたのだ。しかし、チャールズ・ブルックは極く少数の近親の人々が認めるのだが、柔軟な側面をもっていた。アーサー・クルックシャンクはチャールズの伯父の最も古い信頼できる支持者であったが、またチャールズの偉大な理解者であり、次第に敬意と賞賛の度を深めていった。公務に二四年以上就いてきたアーサー・ウオードもまた、同様であった。

彼は、ラジャーがマレー人に判決を下した裁判を傍聴したことがある。そのマレー人被告は長い間政府に忠実に奉仕してきたが、骨董品と偽って贋物の壷を売った容疑で、二年の禁固刑に処せられた。彼は書いている。

「我々は、この判決はかなり厳しすぎる、と思う。が、我らが裁判所の外に出ると、ラジャーが椅子に深々と座り、眼には一杯涙を湛えながらつぶやいているのに出会った。私はこうしなければならなかったのだ。人々は、私が正義を重んずることを知って欲しい。

まことに彼の長い統治の間に人々との間に信頼できる人間関係を築き上げたのであった。こういう人々は、彼が何かを楽しんでいる時に、時々見せる眼の輝きを知る人たちや、あるいはまた、フランスのロマンチックな詩や音楽に彼がどんなに熱中するかを知っている人々なのだ。

もし彼が社交上の交際や自己啓発に費やす時間があまりないとしたら、彼が自分のラジャーとしての立場を非常に重要視しているからなのだ」

＊国王としての風格と実績

チャールズが継承した領土は、一八四一年にジェームズ・ブルックに引き継がれた時よりも、はるかに大きくなっていた。第一、第二、第三管区のほとんどを覆うほどに大きくなった。チャールズの統治時代には、バラン、インバン、ラワスまで広がり、我々が今日知っているサラワクの版図までに成長したのだ。

領土ばかりでなく、彼の行政監督の下に、繁栄の道を歩んだ。幸運にも金に対する質素な性格のおかげで、サラワク財務省の財布の紐は堅く締められ、支出は必要最低限度に留められた。一八七〇年に一二万三〇〇〇ドルであった収入が、翌一八七一年には、一五万七〇〇〇ドルに上昇し、その後も世紀が変わる頃には一〇〇万ドルを超えるまでになった。

また、チャールズはサラワク遊撃隊の創設にも主要な役割を演じ、これは原住民の人々の伝統に基づく慣習のため決して容易なことではなかったが、多くの試行錯誤の末に、首狩りや奴隷の慣習を撲滅することに成功した。こうしてチャールズのラジャーとしての最初の一〇年目には、今までサラワクが到達したこともないような平和と繁栄を謳歌できるようになった。

チャールズは彼の部下たちが妻帯するのを認めなかった。妻はただ、彼らの仕事の邪魔になると思っていたからだが、サラワクの後継者をつくることは、自分自身の義務だとは心得ていた。

妻が自分の生活の一部になることには自分は適していないので、残りの生涯を独身で通すことには別に問題はなかった。しかし、彼がラジャーになって間もなく、彼の義務が先行した。

一八六九年、英国に戻り、ふさわしい相手を探した。いとこの一九歳のマーガレット・ウィントを選んだ。彼女は、病弱な体質で、英国でより多くの時間を過ごさざるを得なかったが、サラワクで敬愛される人物になる運命にあった。彼女の生涯は決して楽なものではなかった。それは夫がいつも支出を最低限に抑えるように彼女に言い、彼とともに耐乏生活に親しむように期待したのであった。

しかし、賢明な彼女は夫の非難も、快くユーモアを持って受け入れ、国に対する献身的な働きがチャールズの敬意と賞賛を呼び起こした。

マーガレットは陽気に献身的に振舞うことが楽しくて、またそれがラジャーに対しての義務でもあった。彼女はサラワクで一七年間過ごし、三人の息子を育てたが、その頃には、ラジャーはもう彼女にそばにいて欲しくないようなので、イギリスに帰国した。「私の健康のためにサラワクから追い出されて英国に住んで子供たちの教育の世話をするようになったのは、私が悪いせいではないのです。

また一方、ラジャーがなぜ私を遠避けたい動機は何だろうと推し量るのは、難しいのです。しかし、誰か英国人が彼の立場に置かれたとしたら、(他のどの英国人も彼と同じ立場にはいないが) どうするだろうか？　サラワクでは、どんな意味においても彼自身が統括する王者であるのです。そんな王者が容認できないようなある種の雰囲気や規範を必要として、妻が彼に嫌気を起こさせたのです。そして彼は一人で好きなように自分本来の仕事をし続けたいと思ったのです」と彼女は書いている。

チャールズとその妻は、それ以来ほとんどお互いに会うことはなかったが、チャールズが年一度英国に帰国しても、独りで生活し、彼女とは滅多に会わなかった。しかし、彼女は、常にチャールズに対して奉仕的な精神を貫き、最後には、お互いに定期的に交流するようになった。

彼の義理の娘、将来のシルビア妃は、彼女がラジャーを知った後のラジャーの面影が見えるのは多分不親切だが、聡明な女性であった。ラジャーが現場への遠征から戻ってきたばかりに起きたある事件について、彼女はよく言うのが常だった。

――彼が王宮に入ってきた時、我々みんな石のように固まったように見えたわ。そして私が受けたのは氷のようなキスを頬に、オリバーは氷のような視線だけだった。誰もが自然な振る舞いに見えず、役人たちは萎縮して制服も見栄えがしなかった。マレー人の少年たちにも笑顔が見えなかった。あたかも喜劇に幕が引かれ、劇がもう少しで始まりそうに見えたわ――。

しかし、彼女がどう思ってもシルビアでさえもチャールズ・ブルックは強靭な性格を持った偉大な統治者だと認めないわけにはいかなかった。彼女は書いている。

「私でさえ、嫌でも、彼の深遠な広大な権力が強大なので、マレー人やダヤク人たちさえも、この国の未来を彼に託しているように見えるのは、決して驚くにあたらないことを、認めないわけにはいかないのです。彼は、コーランの一ページのようにこの国の人々にとってはある伝統なのです」

無頓着に片目で鉄のベンチに座っている茫漠としたこの老人はマレー人に畏敬と驚異の念で溢れさせた。人々は、彼が心の底から彼の生涯を献身的に尽くしてくれていることを知っているのだ。そしてチャールズ・ブルックのことを言う人は誰しもこの国の人々に誠意を尽くしたことを否定できない。

後に様々な風変わりな彼の振る舞いはあったが、チャールズこそはまさにサラワクが必要としていたラジャーであった。彼の伯父ジェームズは偉大な統治者としての彼が持っている才能を高く評価していた。

ジェームズは一八六六年に書いている。

「私自身が生涯を捧げたものに甥もまた生涯を掛けていることはまことに喜ばしいことだ。彼の強靭さが私の弱点を補い、彼の力と命を懸けて総督の地位を確立しサラワクの人々の幸福に貢献するのはすばらしい。私は引退するが、彼に託する仕事をきっと成し遂げるだろうと自信を持っている」と。

そういう信頼はチャールスが運命付けられたサラワクの人々への生涯を掛けた献身的働きによって報われた。

彼のやり方は、伯父がつけた自由で賢明な道筋から外れることはなかった。どんな改革も伯父の政策と理念の範疇の中で処理された。

伯父が後継者に移譲した国は、繁栄し効果的に運営された国で、すべてが彼の疲れを知らない努力の賜物であった。生涯に彼ほどの成果をあげられる統治者は少ない。多くの人々にとっては、彼が進歩を阻むように見えたかもしれないが、彼自身は自分の考えを持って問題に立ち向かっていたのだ。進歩は重要だが、そのためにサラワクの人々や文化を犠牲にしてはならない。そんな原住民を利用するやり方は危険で不当であり、静かにゆっくりと東洋的伝統に西洋的な良い方法を継ぎ足してゆくのが、彼の政策である。他の植民地が苦しんでいる問題や侮辱からサラワクが解放されるような統治の方法が、理想的であろう。

繰り返すが、ブルック家が統治し乱開発から人々を守ることが伯父の信念であり、チャールズもそれを信奉していた。だから、進歩の進み具合はできる限り遅くて順々に進めば良いと思っていた。

＊英国の保護国となる

一八七二年、チャールズ国王は英国から帰るとラジャーとして最初のブルネイ訪問をして、通商上の条約を結んだ。ブルネイの王の権力はブルネイ全土に及んではいなかったので、依然としてサラワクの商人たちは海賊に略奪されることが多かった。凶暴なダイヤ族の度重なる掠奪から逃れるためにサラワクに移住する者も多く、彼らはたいてい家財を全部残してこっそりと逃げださざるを得なかった。

ブルネイの治安の悪さがサラワクとの交易に害をなすことが多いので、英国の外務省に訴えたが、良好な反応は得られなかった。

一八七四年に夫人を同伴して再び英国を訪れた。彼は外務省に対してボルネオ方面へのテコ入れを請願したがかなわなかった。この年の九月二六日にチャールズ夫妻は男児に恵まれた。

後にラジャー三世になるヴァイナー・ブルックである。英国滞在中に外務大臣のデルビーはよくサラワクを理解し、また植民地大臣グレーも良き理解者であったが、積極的にサラワクを援助するまでには至らなかった。

一八七五年六月にサラワクに戻った時も相変わらず、ダイヤ族の出没に悩まされた。ブルネイの混乱がさらに激しくなってきた。チャールズは意を決して、今度こそ英国からの支援を取り付けようと、一八八七年、家族を伴って英国を訪問してサラワクの窮状を訴えた。

その結果、翌年五月、英国政府はサラワクを保護国とする閣議決定をし、サラワク国王であるチャールズに伝達された。サラワクに戻ったチャールズは直ちに最高評議会を開催して、英国政府からのサラワク保護国指定の公文書を報告した。

その内容は、次のようである。

1. 英国政府はチャールズをサラワクの正統な統治者として公認する。
2. サラワク国王（ラジャー）の地位は英国保護下の独立国家の元首として、チャールズ及びその後継者により継承される。
3. サラワクの内政に関しては、英国は干渉しない。
4. サラワクの統治者の後継者に関して今後問題が生じた場合は、英国政府が決定を下す。
5. 外交に関しては英国政府の指図を受ける。
6. 英国政府はサラワク国内に領事を置くことができるが、サラワク国王の領事認可状を受ける必要がある。
7. 英国はサラワクにおける通商航行一切に関する最恵国特権を持つ。
8. サラワク国の領土の獲得、または割譲に就いては相手国又は私人に関わらず、英国外務省の指図を要する。

サラワク王国は過去約四〇年間、どこからも公的な援助は受けてこなかったが、独立国として着実に実績を上げ住民の福祉の増大に貢献してきた。

英国がなぜ今になってサラワクを保護国とすることにしたか。

その第一は、ボルネオ島の南部を支配するオランダが陸続きのサラワクに対して露骨に野望を抱くようになり、サラワクが混乱するようなことがあれば、オランダの領有に帰することになる恐れがあったからである。

第二に、この時期西洋列強のアジア地域への進出が激化し、サラワクを英国が保護しなければ、他の列強が併合する恐れがあったためである。

チャールズは彼自身はきわめて保守的な生活をしていたけれども、文明の利器をサラワクに取り入れることにも努め、国民には少しでも文明の恩恵に浴せしめようとした。

その一つはクチン市民に新鮮な水を供給することであった。一九〇二年六月、全島にコレラが蔓延してついにクチンにまで及んだので、グローブ氏の監督の下で近郊のマタン山から一〇マイルの間を清水が流れるようになった。クチンには各地に小さい給水場がつくられ、住民は共同で身体を洗ったり、飲料水にしたりすることができた。現在の人々もその恩恵に与《あずか》っている。

鉄道はサラワクを基点として一〇マイル先の部落まで敷設され、連結車両が往復するようになった。また晩年には、無線電信を設けるために、高い鉄柱を敷設までした。

第一次世界大戦が勃発した時には、チャールズは英国にいたが、直ぐにクチンに戻った。体力的な衰えを感じてきたが、余暇には乗馬をする楽しみは続いていた。一九一六年、馬上から落馬した彼は一時的に意識がなくなり、乗馬を断念せざるを得なかった。現地の人々は、彼の在位が長くはない兆候だと考えた。八七歳の時の彼にとって最後の第一八回国民議会で演説をした。その言葉は感情と感傷とが入り混じった、彼の声とは思われないような声調で満ちていた。

「私が身を引いた後に、あなた方の正真正銘の権利である、この土地を奪おうとして、甘い笑顔で表情を作った他の人々が来るであろう。あなた方の存在を証明する、肉体と血が存在する継承遺産であり、一旦失ったら最後、一文の金も取り戻すことはできないのです。

　私の死後、未来はあなた方の手にあるのです。独立した自由市民であるか、または、慎ましやかに誇りもない劣等種の民でいるか、主人でいるか、または奴隷でいるか、二者択一の選択はあなた方が決めることです。誰がこの土地を統治するにせよ、見ず知らずの人間に任せることはできません。私の死後の危険はそこにあるのです。私は年老いてもう長くは生きられないでしょう。あなた方に別れを告げたい。さようなら」

　そこで椅子に座ったチャールズは、あたかも二度と復帰できないことを知っているかのように沈黙し、一言も言わずに立ち上がり去っていった。

ラジャーの踵がはれ上がり、それが瞬く間に脚全体に広がり、一〇月には重体に陥った。毛布を引きずりながら、時々マレー語やフランス語をつぶやきながら、王宮のベランダを行きつ戻りつして、精神錯乱状態であった、と言われている。町中が、今にも彼の死を告げる印である旗が王宮の塔から降ろされるのを毎日眺めていた。

驚くべきことに、彼は回復して英国に帰国できるほどになったが、ロンドンに着くや否や再び重体に陥った。彼の要望によって、シレンセスターの実家に戻り、一九一七年五月一七日、八八歳の誕生日の三週間前に生涯を閉じた。私の最愛の人々の中で眠ることができるようにサラワクの地に埋葬して欲しいとの遺言を残した。

サラワクの第一管区に住んでいた友人のウォード氏に告げたことを思い出していただきたい。彼がベトラム王子の細君ガーヂスに対して打ち明けたのは、

「自分の国へ向う船に乗り、国民がみんな自分を知っているような形で香気に包まれている自分を思うのが楽しい。自分の国の地に葬られれば満足だ。サラワクこそ私の誇りであり名誉なのだ。もっと高貴ではない土地に、私は消え去って行く。ガーヂスよ、しかし、サラワクは私自身の一部なのだ。私の霊魂は自由にそこへ舞い戻ることができる。原住民たちがよく言っていたのは、王宮を通じて霊魂はさ迷うのだと」

しかし、第一次世界大戦はまだ継続中であり、現状ではラジャーの亡骸をサラワクに移送

することは不可能だった。その代わり、彼の遺体は壮大な稜に五か月ほど安置され、その後、シープスターの教会の墓地に、伯父の隣に埋葬された。

チャールズの晩年の荒涼としてわびしい生活の後のことには、多くのことが語られてきた。彼はまったく孤独でほとんどの友人は亡くなり、妻とも滅多に会わなかった。しかし、彼は生涯独りであったとも言えるし、年老いて体力がなくなってきたのが人々の憐憫を誘った。それでも、彼は自分の理性を失って敵対的になることもなかった。彼は最後までラジャーであることを全うし、四一年間にわたる在位期間中に成し遂げた実績に満足していた。

三代の王ラジャーのうち、チャールズの世が多分最も注目に値する時代であろう。国を造った伯父さんは方向性と質においては正しかったが、創造したものを守り発展させることに必要な才能に欠けていた。この点においては、チャールズは理想的な統治者であり、彼が支配した何十年もの期間を考えると、後継者が張り合うのが困難なほどの伝統を確立したのだ。サラワクの人々は今一度、第三代ラジャー、ヴァイナー・ブルックの支配の下に新しい時代を迎えるのに、戦慄を覚えるのである。

＊ボルネオ開発公社

ボルネオ開発公社の中の貿易業務部門が、セボール株式会社に最近引き継がれた今、サラワクの歴史にボルネオ開発公社が果たしてきた役割を見直すには最適な時期であろう。ジェームズ・ブルック王は当初より、どんな形態であっても外国資本の投資によるサラワクでの事業にはまったく関心を示さなかった。というより外資の導入には警戒感を抱いていた。それは彼の今までの生涯のうちで他の地域で外国資本による破廉恥な事業がもたらした結末を観てきたから、国内には外部からの干渉は受け入れるつもりはなかった。ラジャーは事業家ではなかったので、サラワク国を運営していた彼の手法に対して非常に手厳しい批判を受けてきた。それは彼の良き友人であるジョン・テンプラー氏も認めるところだ。

結局、サラワクが繁栄するには、充分な資本力を持つ外国の会社を導入する以外にないとラジャーを説得したのは、そのテンプラーだった。

この問題についてテンプラーはロンドンのロバート・ヘンダーソンの関心を引き付けるのに成功し、ヘンダーソンはボルネオ開発会社の名で会社を設立することに同意した。

この会社の目的は、アンチモンや石炭の専売権を確立し、サゴ（サゴヤシから摂れるでんぷん質粉）やグッタペルカ（ボルネオ産の野生植物の乳液から得るゴム状の物質）の輸出など、さらには政府及び民間事業計画の財政的援助をすることなどである。それはまたサラワク国内で営業する唯一の外国資本の公的会社であった。

一八五六年五月に最終的合意に至り、ボルネオ公社は登録された。取締役にはR・ヘンダーソンが会長に、JCテンプラー、JDニコル、ジョン・スミス、F・リチャードソン、そして代表取締役にジョン・ハーヴェイが就いた。

王は彼の秘書として、スペンサー聖ジョンをサラワク国での会社の代表取締役として要望したが、取締役会は彼ら自身の見解を持っていて、地方の取締役として熟練した実業家を推薦した。オランダ人のLVヘルムスは一八五一年以来、アンチモン鉱山の責任者を務めていて彼が、この職位に任命された。彼は有能ではあったが、王が決して好きになれない一人よがりの性格であったが、王は任命権がないので何も言えなかった。

会社は王の不機嫌をなだめるために、クチンとシンガポール間を就航する蒸気船を購入し、ジェームズ・ブルック号と命名した。船は海賊たちを威嚇するに充分な武器を具備していた。

会社の創立後間もない一八五七年、第七章に記したように中国人による暴動が起きた。この事件と王が彼の後継者をめぐる問題で戦ってきた他の様々な政治的陰謀とも相まって、サラワク国の将来の繁栄と会社自体の将来性に非常に暗い影を落とすものであった。しかしボルネオ公社はこの事態を克服することを決断し、この暴動に直面して会社が武器弾薬などを提供しなければ、王がしたようにこれほど迅速に暴動を鎮圧し暴徒を追放することができなかった。

既に王自身の個人的資産をすべて使い果たしてしまったことは周知のことであったので、さらに会社は暴徒に荒らされた街の修復のために、王に五〇〇〇ポンドを、もう一〇〇〇ポンドは王自身の生活用に貸与した。

ほぼこの時期にボルネオ公社はサラワクから撤退することに決定したほど、会社は多くの損害を抱えていた。サドン河沿岸に開設した石炭鉱山は熟練した鉱山技師が不在のために、非常に大きな損失を出した。そのため会社は以前に王に貸していた借金の返済を強要せざるを得なくなって、国王にとってはボルネオ公社の行ないは、まったく無礼で強欲な振る舞いと呼ぶほどに不愉快な関係に発展してしまった。国王は彼自身では借金の返済はできる状態ではなかったので、彼の友人のアンジェラ・バデットコート女史に頼らざるを得なかった。そんな状態の彼に返済を強要する会社の態度を、王は容認できなかったし、またジェームズの後継者たちも同様であった。

一九三一年から翌年にかけての大恐慌には、第三代王のヴァイナー・ブルックはボルネオ公社に前払いをするよう示唆されたが、彼の大叔父を会社が破滅に追いやったとして、なぜ今になってその会社を救済する必要があるかと拒否した。

一八九八年まで会社はサラワクにおいてはまったく利益を計上してこなかった。サラワク以外の地域での事業から得た利益で国内での損失の穴埋めをしていた。会社は創立以来、二〇万ポンド以上の鉱山使用料を政府に支払い、二〇〇万ポンド以上を鉱山労働者の給料として、政府にとってはありがたい前払い金として支払っていた。

しかしながら、サラワクでの困難を乗り越えてゆくという会社の決断が四〇年後には次第に借金を返済し、サラワクでの金の採掘が成功し利益を計上するようになった。会社の歳入のほとんどは、政府の鉱業権の利息と会社の保有している多くの農業分野の専売権によるものだ。会社はサラワク王国内では唯一の西洋資本の会社で、一九二四年に特許銀行が設立されるまでは、政府あるいはボルネオ開発会社によってのみ銀行業務は運営されていた。

会社が王に借金の返済を執拗に迫って以来、ブルック王家が会社に対して抱いていた感情はあったにせよ、サラワク国の財産として会社は重要な役割を果たしていることを認めていることは、チャールズ・ブルック王が即位三十年の記念式典での演説に明らかである。

ボルネオ開発会社はサラワクが過去に経験した多くの困難と危険と不遇の時期を迅速に、そして堅実にその業績を上げてきた。会社は商人にとって堅実な模範を示しさらに商取引上の基本を固めて、サラワクのような新生国家ではボルネオ開発公社のような大きな影響力のある企業の存在は、過大に評価し過ぎることはない。

会社が輸出入貿易に果たした役割は、会社にとって利益が多かったばかりではなく、その住民全体にとっても有益であった。英国からの輸入品以外に、地方の物産も会社が扱っていた。ロンドンに保管されている記録簿によると、会社が扱う物産はサゴ、石油、胡椒、茶、獣皮、ココナツ、ゴムそして米などであった。

これらの貿易を拡大するために一九世紀後半から二〇世紀初期のサラワクでの商業生活は、原始的な性質から当然ながら日用品の輸出が減少する傾向にあった。

例えて言えば、これらはいつも複雑で手間暇の掛かるサゴの製造過程である。

一八六〇年代初頭から移民商人から手厳しい政策により管理した金鉱山のように、ムカでのサゴ農園はボルネオ開発公社により取り上げられた。

サゴは当初は塩水の沼地に生息するサゴヤシの木を切り倒して二つに切り裂いて作っていた。サゴはこの時点ではクリーム状の粘着性のある物質で、木の芯から削り落とし、その滴《しずく》がカヌー上の木製の台の上に滴り落ちる。

その上から水を注ぎかけ、足でよく踏みつけ濃い液状になると台上の空隙《くうげき》のあるマットを通して台の下のカヌーに流れ落ち、それがカヌーに満杯になるとカヌーは会社の精製工場に運ばれる（ヘルメスの設立）。

精製された後、英国市場へ輸出され、グルコースとしてか、または伝統的なサゴプディングに使われる。

石油の輸出もまた重要な収入源である。残念ながら、特別な商品からの収入を現存する帳簿から抜き出すことはできないが、現地の油田はこの貴重な鉱物を莫大な埋蔵量があることを王様との通信文が示している。

一九〇三年付の手紙によると、チャールズ・ブルック王はブルネイ河で最近発見された五ガロン（一ガロン＝約四・五リッター）の石油缶を会社に送り、その質と価値を報告してくれるよう要請した。さらに現地では一万ガロンが見込まれており、クチンに輸送するのでシンガポールにも送りたいと連絡した。

王は原住民でも西洋人でも関心のある団体が油田を訪れないように、関係当局に指示をすることで、この商品のボルネオ開発会社の専売権を管理することに協力した。

また市場での原油の売り上げを拡大するための提案書を送ったりして、王は原油商取引に重要な役割を演ずることを期待した。

必要な五～一〇ガロンのドラム缶を製造するためにもっと鍛冶屋職人を雇う必要性を指摘して、全原油の一割を政府用に割り当てることを主張した。

その結果、ボルネオ開発会社はオランダ石油のサラワクでの代理店を務めることになった。ボルネオ開発会社は、傘下にサラワク造林会社とサラワクゴム農園会社を作った。これらの投機事業は生産物を市場に出すだけではなく、ボルネオ島内の未知の土地を定住や農業のために開発することにも、地方経済の活性化にも貢献した。

ボルネオ開発の社長のL・ヘルメスは同時に一八七〇年、英国領事にも任命された。他の主要な英国人住民はたったの一一人で、弁理公使のクルックシャンク氏と夫人、司祭のチェインバー氏と夫人、政府の財務大臣の聖ジョン氏、原住民の軍隊を統率するロッドウェイ氏と三人の若者が王の側近であり、チャールズ王とマーグレット王妃である。

初代のジェームズと特に二代目のチャールズ王が作った慈悲深い規定により、どんなに些細な事柄であっても直接に王にできることは、この地域のボルネオ開発の繁栄のためには理想的な環境が作られた。

時々の意見相違があろうとも、ボルネオ開発の存在が国にとって大きな資産であることを王は印象づける努力をした。王は会社の事業会議には頻繁に出席し、それによって会社に期待するところが大きくなっていることがわかる。

このように国王と会社との結びつきが強かったので、会社の専売権はブルック政権の終わるまで、そしてサラワクの独立するまで維持できたのだ。

一八七三年のサラワクにおける商業職業欄には、水銀の原鉱石やアンチモン鉱山、サゴ工場などの会社幹部や雇用者が掲載されている。

現地の商人は食料品、砂糖、胡椒またガンビール（染色用植物）農園や焼き窯などを扱っていた。ボルネオ開発はクチンに波止場を所有し、オーヤ石炭集積場はワルター・クロッカー会社によるサラワク貿易会社の基礎であり、会社は原住民の支援で一八七〇年に設立されたが、この会社に関する他の記録は残っていない。

チオン・ビー・アン商会は一八九三年以降、ボルネオ開発のサゴ生産部門を共有するようになった。しかし、この部門でのボルネオ開発の卓越性は他の部門に比べて極めて顕著であった。ボルネオ開発は一八七四年に名声で聞こえた保険会社ロイド代理店のシンガポール、バンコックに加えてのサラワクでの代理店に任命された。

一八三〇年代、一八四〇年代、そして一八五〇年代のロンドン、グラスゴー、リィヴァプールを本拠地とする民間企業はその活動領域をカルカッタ、ボンベイ、そしてシンガポール、タイにまで広げて繁栄し続けた。

彼らは二つの世界大戦を生き抜き、インチケイプグループ会社の最近の発展に劇的に貢献したのだ。多くの点において、サラワク、タイ、シンガポールそして多くのインド、英領マラヤの港湾での輸出入業や輸送業に関わり、彼らの物語はグループ会社の他の部門のそれとよく似ている。

タイではチーク材に、サラワクではボルネオ開発が基礎的な地盤から金鉱山の事業に特化することで、グループ会社は繁栄を続けた。

しかし、一九三九年から一九四五年の第二次大戦により極東地域は崩壊し、各地の独立への動きが加速される中、これらの会社の専売権は縮小せざるを得なかった。当然ながらサラワクにおけるボルネオ開発の役割も年々変わらざるを得なかった。しかし、白人王の目指したところの、サラワクを投機の対象や乱開発から守りながら、滑らかに発展させる会社が王国の最初の半世紀に成し得たのである。

第一〇章　省三、ボルネオへ

明治三三年一月に大東島を離れて以後、省三は紀州和歌山県付近に一〇年以上、雌伏して次の機会を待っていたかに見える。紀州では新宮町に家族を移して、牧畜業を営み、種牛の改良を試みた。初めて西洋からのホルスタイン種を飼育したりもした。また、捕鯨会社をも興し、生命保険会社の新宮代理店の支店長も兼ねていた。

時代はちょうど一九〇〇（明治三三）年、中国で義和団事件が起き日本を含め各国が鎮圧のために軍隊を送った。そこでは、柴五郎率いる日本軍の規律ある勇敢な振る舞いに、派遣各国は称賛を惜しまなかった。ロシアも満州に二万人の兵を送り込み、大韓帝国を懐柔して朝鮮半島に勢力を伸ばそうとしたので、日本はロシアを牽制するために英国と日英同盟を締結した。

その二年後、日露戦争が勃発して、日本が辛くも勝利して満州に権益を得て大陸に進出し、韓国の一進会の要望と西洋諸国の承認によって韓国を併合して、台湾の統治と同様に内地と対等な国策を施行して、今後の発展のために社会基盤の整備に尽力した。

＊サラワク王国への道

インドネシア領ビンタン島への進出が不成功に終わり、省三はボルネオに向けて東京を明治四三（一九一〇）年九月二八日に出て、郵船会社の伊予丸にて門司を出港したのが同年一〇月三日であった。

土佐の後輩、岡田虎輔が同行する予定であったが、急きょ仕事が入って同行できなくなり、岡田は札幌農学校出身の林基一を代わりに推挙してきた。林は後にサマラハン農園長になる。伊予丸は上海、香港を経由して一〇月一七日シンガポールに到着し、待ち合わせていた平井八郎と会い、その足で在シンガポール日本領事館の近藤領事の官邸を訪問した。

依岡省三が日本を発つ前に手に入れた在日英国大使の紹介状を近藤領事に見せると、近藤領事はその場でシンガポール総督への紹介状を準備してくれた。

翌日、省三は領事の紹介状をもってシンガポール総督府に赴き、総督からのサラワク王宛ての紹介状を得ることができた。

一〇月二五日、シンガポールの港よりサラワク汽船会社の「サラワク王号」に乗船し、いよいよサラワク王国へと船出した。

この船の一等船客は省三、林、平井の一行以外は全員英国人であった。食事の時間に三人がテーブルについていると、給仕のボーイがやってきて「向こうに座っている白人の旦那が日本人と同じ食堂で食事はできないから、出て行ってくれ、と言っている」と片言の英語で恐る恐る伝えに来た。それを聞いた省三は、憤然として立ち上がり、この給仕に向かって食堂中に響き渡るような大音声で怒鳴りつけるように言った。「我々も同じ一等船客である。彼らが我々と食事をともにしたくないなら、彼らの方こそ他の部屋に行くべきである。我々は断じてこの食堂を去ることはできんぞ」

省三の偉容と剣幕に恐れをなした当の英国人や他の乗客たちはシンとして声もなく、それ以上抗議するものはいなかった。

一八世紀後半から一九世紀にかけては、七つの海を支配すると自負した大英帝国が、世界中を我が物顔に闊歩するのが常であった。逆に南洋に進出する日本人は出稼ぎ人が多く、残念ながら白人に対して不必要におもねる邦人が少なくなかった。省三のような一八五センチ、一三〇キロの堂々たる偉丈夫に、口ひげを蓄え大きな目玉で睨み付けられれば、たいていの人間は抗うことはできなかろう。

船旅中、省三の寝台のスプリングがあまりの巨体の重さに伸びたまま縮まらなくなってしまった。また省三のいびきがまるで雷鳴のようで、同行した林も平井もしばらくの間眠れなかった。

こうして一行は航海すること二昼夜にして一〇月二七日、サラワクの首都クチンに到着した。当時クチンは人口約二万人でそのうち、支那人が六割、マレー人三割、残り一割が西洋人、インド人であった。共通の言語はマレー語で支那人同士もマレー語を使っているが、英語も少しは通用した。日本人は約六〇人でそのうちの女性四〇人は大半が過酷な職業に就いていた。

省三たち一行は市内に旅館がなかったため、家田清、藤野可護という二人の青年が日本の商品を扱う店を開いていたので、知り合いになったのを好機として、彼らの家に泊めてもらうことにした。

二人の青年によると、彼らは商業学校を出た後、志を立てて南洋で貿易事業を起こそうと少しずつ貯金をためて数年前にこの地に渡ってきたという。

省三は彼らと話すうちに、青年たちの心意気と実行力に感激し、即座に手持ちの一万円を渡して「使い方は君たちに任せるから、これで大いにやってくれたまえ」と言った。青年たちは突然のことに呆然としていたが、省三の真剣で熱のこもった態度に打たれて、両手で感謝して受け取った。当時の一万円は現在の一〇〇万円に優に価するが、日本民族の南洋開発の先端として働く青年には安かったかも知れない。が、省三にとっては疎かにできない大金ではあった。

翌日、一〇月二八日、彼らの家を後にした省三たち三人はサラワク政庁を訪問した。

「依岡氏が威風堂々たる体を一歩一歩進めてサラワク政庁の玄関を入ると、政庁の制服姿の官吏たちはバダビア領事の来訪と間違って非常に狼狽した姿は、思い出しても滑稽であった。

しかしこれが端緒となって土人たちも白人までもがこの日本人に対して敬意と好意とを表してきたので、我らも肩身が広くなった」とは、二青年のうちの一人の弁である。

省三は担当の職員に会うと、持参した駐日英国大使の紹介状とシンガポール総督の紹介状を提示して、来訪の趣旨を簡潔に伝えた。サラワク王国においてゴマ、甘藷、ヤシその他の農作物を栽培するために一万エーカーの土地租借を出願したい旨であった。

しかし当時、二代目のチャールズ・ブルック王が英本国へ旅行中のため不在であったため、カルデコット知事閣下に面会を求めた。国王不在中は知事が国王に代わって一切の事務を執り仕切っていた。

サラワク王国では、裁判の行なわれる法廷に国王自らが裁判長として判決を下すことが重要な任務の一つであるが、省三の一行が訪問したその時は知事が国王に代わって法廷に出ていた時であった。

幸いにもしばらくすると知事が法廷の仕事を終えて面会することができた。

省三は改めて一万エーカーの土地を租借してゴマ、甘藷、ヤシなど熱帯作物の栽培に従事したい旨を告げた。知事は、現在国王は英国へ出張中であり、来年五月ごろ戻る予定であると伝えた。さらに知事は、「近来ゴマ栽培が世界的に盛んになり当国においても外国人が投機的な借地を願い出ており、真心のこもった企業人が多数入国して我が国土を開発していただくことは、我々も大いに歓迎するところです。しかし、投機的業者は土地の開発を阻害し遅延させることが多く、我が国の開発にとっては敵です」と、知事は警戒心を露わにしたが、省三の丁寧な説明により、「サラワクの土地の租借を心から望むのであれば、改めて文書で出願すれば、英国に滞在中の国王陛下に取次ぎを致します」と回答した。省三がまず、サラワクの土地を踏査して検討の上、改めて具体的な土地も含めて願書を提出することになり、知事は国内を案内できる同行者を提供しましょう、と言ってくれた。

今回の政庁訪問でも感じられたのは、知事が日本に対して強い猜疑心を抱いているようであった。この時期は、日清戦争で清国を破って後十一年、大国ロシアに日露戦争で勝ってからまだ六年という時期で、日本が軍事的にも経済的にも強大になりつつあるのを、特に白人社会が警戒心を抱いているようであった。しかし、中東をはじめこのアジア地域の原住民たちは白人とまったく異なる反応を示しており、省三一行を泊めてくれた家の二人の青年は、サラワクの森の奥深くダイヤ族の部落に一か月以上生活したが、どこに行っても、東郷元帥などの名前を口にしていたという。

翌日、サラワク政庁が差し回してくれた案内人を伴って、現地踏査に出発した。案内者への手当てに政庁からの請求額は三〇ドルであった。一行は省三以下、林基一、平井八郎、家田清、藤野可護ほか原住民五名であった。

一〇月二九日より吉本という在クチン邦人の案内でクチン西方四マイルの土地を観察し、土壌を採取し、翌日は政庁よりの案内人のマレー人の案内で、クチン南方一四マイル地点の土地を観察し、試験用土壌を採取した。また、神戸の鈴木商店、台湾総督府へ文書にて報告及び連絡する。一一月一日には、平井氏がタイ国視察のため出発しシンガポールに向かう。

一一月二日にはクチンの街中を流れるサラワク河の対岸にある王宮（アスタナ）を訪問した。あいにく国王は外遊中でおられず、外観だけを観て戻る。マレー人の操る渡し舟（サンパン）が常時行き来しているので待つこともなく対岸に渡れる。そのサンパンの一隻を借り受けてサラワク河の下流の方まで両岸のマレー人部落などを観察した。

一一月五日にはサラワク国王殿下宛ての土地租借申請者を作成した。その内容は「ゴマ、砂糖、ココア及びナッツパーム栽培用の土地、二か所合わせて一万エーカーの租借を請願するもので、土地ロックロード上流一五マイルの地点、及びサマラハン河支流ローバン河のほとりの土地二筆の租借を請願する」。さらに「添付いたしました駐日英国大使並びにシンガポール駐在日本領事の紹介状をお読みいただけますれば小生、依岡省三が投機者ではないことがご諒解いただけと切に希望いたします」と結んだ。

この国王宛ての請願書の書状を持って一一月七日には政庁におもむき、知事に手渡して、知事は英国滞在中の国王に送付することを確約し政庁を後にした。

こうして一一月八日にはクチン号に乗船し、クチンの街を離れるにあたり、クチン滞在中にはサラワク王国の大蔵大臣パーネル氏の夫人仲子が、省三のサラワク政庁との交渉に関わる様々な便宜を図ってくれ、異郷での同胞の恩義に大いに感謝した。

＊省三と日沙商会

省三がクチンに到着し、サラワク政庁に訪問する前に、クチン商会（個人商店）を設立し、その後、日沙商会と名称を改めた。依岡省三はサラワクより帰国した明治四三（一九一〇）年一一月に高熱を発し、鈴木商店にて報告を済ませるとすぐに神戸の杉田病院に入院した。一二月に入って京都大学病院に転院したが病名は「肝臓膿瘍」であり、すぐ手術を受けた。サラワクでの滞在中に感染した南洋特有の風土病であった。

当時はまだ熱帯での感染病に関して研究が進んでいなかったが、蚊が媒介する熱帯性マラリアであったらしい。省三の手術は順調に済み、経過は良好で一二月中旬に彼を見舞った、日沙商会の幹部の米田李太郎によると、省三は目が輝き、三時間にもわたって話し込んだが疲れも見せぬようであったという。数週間後には退院できるかのように期待されていたが、年を越してから容態が急変し、明治四四（一九一一）年一月三日夜、弟の省輔との会話の後、静かに永眠した。齢、四七であった。

サラワク国王は、省三がサラワク政庁を訪問して手渡した土地の租借請願書を審査した結果、その年の暮れ一二月四日付の書面をもって日沙商会に対して、第一回の一七〇〇エーカーの土地の租借権の許可書を付与した。省三が申請したのは一万エーカーであったが、事業の進展、その成果により順次拡充する旨が約されていた。

省三の死後、日沙商会の名義は一時、省三の妻フジであったが、一九一四（大正三）年、省三たちの母、芳に権利財産などが譲渡されて鈴木商店金子直吉の委嘱により、省輔が経営に当たった。

サラワク国王が第一回の土地租借権を許可したのは、サラワクの初代国王以来の不文律である「外国人と外国の資本を国に入れることを許さない」に違反するものである。唯一度の訪問と請願書により、一年をも経ずしてこのように許可されたのは、ひとえに省三の誠意ある熱意と、サラワクの事業に賭ける信条とが国王に伝わったものであり、且つまた、第一次大戦の足音が聞こえ始めた世界情勢という、時宜に適った試みであったからでもあろう。

第一次租借地での経営は着実に成果を上げて一九一三（大正二）年一二月にはサラワク政府より第二次租借権一〇〇〇エーカーを得ることができた。

大正六年には、日沙商会を省三の母芳より継承して株式会社として、次いで東洋工業の経営するゴム製造工業を継承して日沙商会の事業とした。それはサラワクでゴム原料の栽培をして、それを神戸で製造工業を営むのである。またクチンには日沙商会の支店を設置した。翌年の一九一八年には第三次租借権一〇〇〇エーカーを得た。大正九（一九二〇）年には資本金を三〇〇万円に増資した。

この間、日沙商会の社長依岡省輔をはじめ取締役がサラワクに出張して現地を督励し成果を拡大してきた。その結果、一九二三年になって、それまで得ていた三七〇〇エーカーの土地の租借権に対して、九九年間にわたる租借権を付与された。

この年七月、日本におけるゴム製造、販売、営業一切を日本輪業合資会社に譲渡し、以後サラワク国における植民事業、ゴム栽培、農業経営に当たってきた。

第一一章　尖閣諸島と古賀辰四郎

＊古賀辰四郎と古賀商店

一九五三年刊の喜舎場永珣執筆の『八重山歴史』に古賀辰四郎に関する記述がある。

古賀辰四郎は安政三（一八五六）年に古賀門次郎の三男として、福岡県上妻郡山田村に生まれた。実兄二人が大阪に海産物問屋の古賀商店を持ち、後に那覇古賀商店、そして辰四郎が八重山に古賀支店を開設することを考えると、幼い頃から海産物関係の事業に触れる環境にあったと思われる。

明治一二（一八七九）年に古賀辰四郎が沖縄に来た頃は、夜光貝などの海外輸出が盛んになりだした頃であった。琉球王国時代から既に貝類は交易品として採取されてはいたが、海外輸出のために大規模化したのは、沖縄海運会社による先島航路が開設された明治一五（一八八二）年であり、その年に石垣島大川に古賀支店を開設した。

八重山における古賀商店の取引相手は、出稼ぎにきている糸満漁夫であった。

買い上げた海産物を支店の倉庫に保管するのだが、明治の中頃、周辺に住む糸満漁民の失

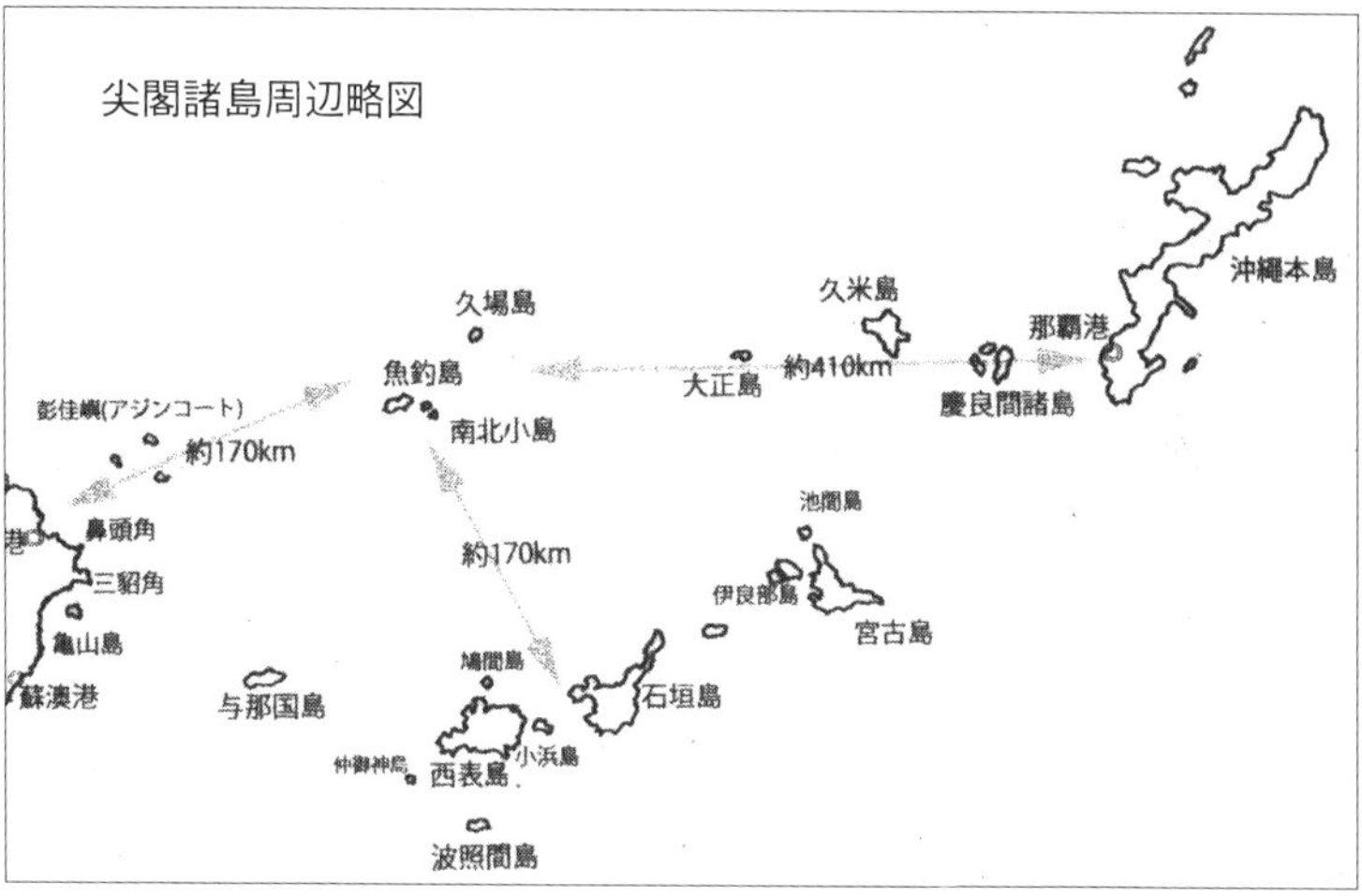

火により、倉庫が延焼してしまう事故があった。漁民が古賀に売る夜光貝を取り始めた頃は、海面にフカの油を落として水中を覗いていたと言われている。糸満の水産家の玉城保太郎が明治一七（一八八四）年に考案した水眼鏡（ミーカガン）が素潜りでの貝や海藻の採取や、地元でアギヤーと呼ばれる追い込み網漁を格段に発達させたという。ミーカガンが八重山での夜光貝の採取に貢献したことは間違いない。

古賀辰四郎は、明治一七（一八八四）年には莫大な資金を投じて尖閣列島を探検し、労働者を派遣してアホウドリの羽毛、鱶、鰹、鮪や貝類の採集を開始した。

また、明治一九年三月から無人島の中御神島《ナカヌオンシマ》の借地権を得て、鳥羽毛や鳥糞の採集にも乗り出した。

明治二三年、県属塙忠雄の『久場島並びに魚釣島の聞き取り調査報告』には「渡航したる糸満人は総計七八名」とあり、糸満人が尖閣諸島に集団で「夜光貝、鱶、鰹、シビ、アホウドリ」等を求めて渡航、小屋掛けを為し漁業に従事していた。沖縄県丸岡知事は、水産物取締りの上から困惑し、明治政府に対し所轄決定に関する伺いを上申した（尖閣諸島文献資料編纂会『尖閣諸島盛衰記』より）。

一八九一（明治二四）年には古賀辰四郎は、大東島を開拓しようと許可願いを出し、翌年認可され大有丸という蒸気船をチャーターして糸満の漁師を引き連れて南大東島に向かった。天候も悪く、島は断崖絶壁で囲まれており、上陸できそうな地点が見つからず、とうとう糸満の漁師でさえ音を上げて上陸できなかった。結局、二年後には大東島開拓願いを取り下げてしまった。その後、古賀辰四郎は尖閣諸島の開拓に専心するようになった。

ちょうどその時期に一八九四（明治二七）年、朝鮮半島をめぐって日本と清国が戦闘状態に入り、翌一八九五年四月に下関条約が結ばれた。その三か月前の一月付で尖閣諸島の領土編入の閣議決定がなされ、正式に日本国土になった。

翌一八九六年に沖縄県より尖閣諸島（久場島、魚釣島、南北小島）が古賀辰四郎に無償供与され、周辺での漁業は古賀の経営の下になされてきた。

古賀は明治三一（一八九八）年、大阪商船の須磨丸を借り定住民五〇名を連れ、食糧、日用雑貨、住宅建築材などを満載して渡航した。その後も出稼ぎ移民や漁夫を派遣し、アホウドリの鳥羽毛の採取が初期の主要産業であった。鳥羽毛は大阪の古賀商店本社を通じて外商に売りさばき好評を博していた。しかし、一八九九年をピークに捕獲量が減じ、その行く末に不安を抱いた古賀辰四郎は一九〇〇年上京して、東京大学の宮島幹之助理学博士を招き調査を依頼した。古賀は宮島博士と県師範学校の黒岩恒教諭を伴い、大阪商船の永康丸で久場島に渡った。その後、アホウドリの羽毛採集高は激減したが、アジサシやカツオドリのはく製生産高は伸びていった。また、前述したように無人島の中御神島《ナカヌオンシマ》の借地権を得て、鳥羽毛や鳥糞の採集にも乗り出した。

鰹節製造のための鰹漁が開始されたのは一九〇五年であった。また、魚肉や捕獲した鳥肉の缶詰製造も手がけた。台湾総督府付属試験場からクスノキ苗三万本を購入し、魚釣、久場の両島に委嘱栽培を試み、良好であったという記録があるだけで、その後の経過は明らかではない（クスノキは樟脳の原料）。

明治四〇年、事業を拡大し珊瑚の採集と「鳥モチ」の製造そして牧畜業にまで進出し、四一年からはアジサシをはじめ海鳥の缶詰製造、鳥糞や燐鉱採掘事業の許可を得て着手した。一九〇九（明治四二）年一一月、二六年間莫大な資金を投下した尖閣諸島の開拓と海産物商としての実績が認められ古賀辰四郎は、藍綬褒章を下賜された。

この開拓事業がその最盛期を迎えたのが、褒章授与の年の前後であった。当時の移民総数が二四八名、九九戸を数え、一九〇八（明治四一）年には「永久的労働者移植計画」として、本土の東北地方より四一名の児童を同諸島に移住させている。

その時の写真には「福島県安積郡日和田より熊田平次郎氏が連れて着たり」（前掲・『尖閣諸島盛衰記』より）と但し書きがある。

その数年後、漁業や鰹節製造、サンゴ採りなどに従事する永住民が二百数十人いた古賀村が一九一三（大正二）年以降、茅葺の住居などは忽然と姿を消し、堅牢な石垣積みだけを残すだけになった。その原因について前掲の『尖閣諸島盛衰記』には詳細に検証されている。端的には、大正元年八月に石垣島を襲った台風が尖閣諸島の南方海上を西に進み、無防備な方角から強風が吹き抜け、甚大な被害を与えたのではないか、とされている。

その三年後の大正四年の見聞記によると、製鳥事業は中止、事業主体は鰹漁、在住者は漁業者の男子のみとあり、開拓規模が縮小されていることが分かる。

一九一九（大正八）年に中国福建省の三一名が尖閣諸島に漂着し、古賀辰四郎の子息の善次氏が救助して石垣島に曳航し、石垣村は医療を施し食料を与えて船の修理後、帰国させた。翌年に中国長崎領事より石垣村長宛てに感謝状が贈呈され、現在も石垣市に保存されている。

後述するように、戦後、国連による調査団の報告の後、中国・台湾が尖閣諸島の領有権を主張するようになり、それを支援する石田郁夫、羽仁五郎らが「尖閣諸島は日清戦争で日本が強奪したもので、歴史的に中国の領土だ」と声明を出し、領有権問題は未解決のままである。

しかし、尖閣諸島の領有権に関しては、八重山文化研究所の郷土史家、牧野清氏による『尖閣諸島日本領有の正当性』には日本の領有性を裏付ける資料が公にされている。

＊高良学術調査団

戦後、一九四九、五〇年には、宮古、八重山の鰹船が鰹漁をして魚釣島、南小島に仮工場を設け、鰹節製造を営んでいた。

八重山の石垣の発田重春も旧古賀村の鰹工場跡に仮工場を建て、鰹節づくりを行なっていた。一九五〇年三月、発田の船に便乗して一人の男が島を訪れた。

その男が、イリオモテヤマネコの発見者であり、ハブ博士として著名な高良鉄夫であった。この時三月末から二週間にわたり、高良鉄夫博士（当時琉球農林省課長）が、少年時代からの夢だった無人島探検で尖閣諸島に上陸し、単独で行なったこの調査が、高良学術調査団の第一次調査と位置付けられている。

その後、琉球大学に移られた高良博士は一九六八年七月の第五次調査団まで調査団を率いて貴重な現地踏査をされている。

その調査結果の膨大な資料をまとめて『尖閣研究』として出版されたのが、尖閣諸島文献資料編纂会（会長　新納義馬）である。

資料編纂会は引き続いて、尖閣諸島海域の漁業に関する調査報告及び尖閣諸島の自然・開発利用の歴史と情報に関する調査報告書を刊行している。

高良学術調査団資料集に一九五〇年に単身で魚釣島にわたった時の調査報告書には、「青少年には多くの夢があり、その未来に寄せる社会の期待も大きい。保護と開発の調和のとれた世の中にすることも、青少年に与えられた一つの課題である。

青少年の心の豊かさを育て、より多くの夢と希望を与えるためには、自然との対話を通じての情操教育も必要である。

少年の頃の記憶をたどりながら今日まで私が訪れた沖縄の無人島を含めた島々の姿を追いつつ、随筆風に、また科学性を失わないように、主として青少年向けの読み物として筆をとることにした」

と報告書の初めに記されている。

高良博士の調査の時は、昭和二五年で戦後の食糧増産のため至る所で開発が行なわれており、石垣市の発田重治氏が魚釣島で仮工場をつくってカツオ漁を営んでおり、発田氏の一〇トンの漁船に便乗して渡海することができた。

漁船から上陸用クリ船で渡されたロープ伝いに命がけで上陸する様子が目に浮かぶようだ。

一九五二年四月に第二次調査団の一員の多和田真淳氏（当時林業試験場技官）の報告書には、前述した古賀辰四郎の依頼により宮島理学博士と黒岩教授が現地踏査して調査した様子が記されている。

――黒岩氏は、四国は土佐の人で有名な植物学者牧野富太郎氏の親友であった関係上、植物にも詳しく、地質、淡水魚、陸産貝と一流の学者で沖縄産業界の恩人としても忘れてはならない人物である。こんな偉い人でも短時日の調査日程には大いに悩まされたらしく、氏の探検記を見ればはっきりする——。

「余等の上陸せし点は島の東北部なる道安渓の西の方にして汽船は岸に接して進み来たり、水深十二、三尋《ひろ》（六尺＝一・八メートル）の位置に投錨せり、時正に五月十二日午後四時成りき、上陸者は古賀辰四郎氏、八重山島司野村道安氏及余なり、本船は今夕再び久場島へ向け出帆の手筈なるを以て、両氏は只暫時の上陸なりき、余は弥々島地の探検に決心し教導（伊沢氏）一名人夫三名を以て探検隊を組織せり、汽船は明後十四日を以て余等収容の為、再回航し来るの予約なり、余は惑へり、かかる無人の一大島を目前に控えたるにも拘わらず、探検の日子は僅かに一日なり、いかなる方針をとるべきや、植物採らんか、地質を見んか、動物を採集せんか、かかる僅少の日子においては地質を先にし、植物これに次ぐの利あるを自認し、先沿岸を一周して地盤構造の大略を検し、尚時間によゆうあらば中央を縦横に横断せんと覚悟せり……」と決心のほどを示している。

また、多和田氏は「筆者は生物と資源調査の目的で高良教授の組織した第二次調査隊の一員として連れて行ってもらった。高良氏は三回の調査で哺乳類五種、鳥類二十一種、爬虫類五種、昆虫類二十七種、陸産貝九種、計六十七種を発表された。その中著しいのは台湾・南支に分布するシュウダという蛇を発見したこと、キセルガイの新種を発見したこと、アホウドリの確認ができなかったこと等である。黒岩氏は我々より五十年も前に、しかも一日半という短時間に六十二属一三五種の植物を採集している。筆者がその中パンダ属と思われる一種はその後の学者によってまだ採集されていない」。そして多和田氏は「第二次調査隊と尖閣の石油資源とは密接な関係がある」として、その経緯を記しているが、別なところで第一次から第三次までの高良調査団による調査が、尖閣諸島の石油資源の発見に結びついたとしている。

尖閣諸島の自然保護についても多和田氏は指摘している。

——先ず声を大きくして叫びたいのは日本広しといえども、生物学上よくいわれる自然界の平均と林学上でいわれる極生相の島ぐるみの完全標本というのは、尖閣をおいて他に見ることの出来ない、貴重な存在だということである。

日本国中の学者が行きたくても行けず、切歯扼腕するのもその辺にあるのである。焼けつく南海の碧空に乱舞する幾万とも知れぬ海鳥の群れ、汲めば手に染まるような紺青の黒潮、幾十万と知れぬはね跳ぶ魚群、紺碧の波間に浮かぶ尖頭の島山、御花畑の間に抱卵するカツオドリの群れ千刃の谷間に血を流した様に咲きなびくセンカクツツジ、その蔭にひそむミミズの様にはね跳ぶ紫色の蝸牛、マサキベッコウマイマイ、風が吹けば島と共にゆらぐかと思われる全島をおうクバの群落、まぼろしのパンダ属のコウトウヒスイラン等々世にも稀なる島の自然は、宮古諸島、八重山諸島と共にそのまま海上の一大公園であり、活用されるべき一大観光資源である――（以上、高良学術調査団資料集「尖閣研究」）。

＊尖閣諸島は沖縄の県土だ

『沖縄世論』（閣文社発行）、二〇〇七（平成一九）年冬季号版に「尖閣諸島の今昔―我ら諸島は沖縄の県土だ」と題した記事が掲載されている。尖閣諸島の歴代所有者と領有権問題にも触れた大変貴重な記事で、後世にも残されねばならない内容なので、是非ともここに抜粋して引用させていただきたい。

――古賀氏が無人島経営に着手して十年、一八九五（明治二八）年尖閣諸島の日本国沖縄県八重山郡編入が決定。翌年、政府により三〇年の無償供与を受けた古賀氏は本格的に事業を開始し、作業に従事する労働者は季節ごとに集められ、最盛期においては古賀村と呼ばれるほどの賑わいを見せた。

古賀氏が一九一八年に亡くなった後、その子息古賀善次氏は、父辰四郎の開拓事業を引き継いでいたが、一九二六年、古賀氏に三十年無償貸与していた四島（魚釣島、南北両島、久場島）の貸与期限が切れたために、政府はその後一年契約の有償貸与に切り換えるが、一九三二年、善次氏がこれら四島の払い下げを申請してきたので、有償での払い下げを承認。父辰四郎氏が無人島経営に乗り出して五十年弱、尖閣諸島のうち四島は名実ともに古賀氏所有の島々となる。

しかし日中戦争がひっ迫してくるにつれて、沖縄の漁業もいろいろ規制され、漁船の燃料に使う石油が入手できなくなってきたので、古賀氏は昭和一五年（一九四〇年）ついに尖閣諸島での操業を撤収、石垣島にカツオブシ製造の本拠を移したが、戦火が沖縄に近づくにつれ本土へ疎開し終戦を迎えることになる。

（中略）古賀善次氏に子供がいなかったことから尖閣諸島の相続の問題が発生し、「自然破壊をしない」という条件で埼玉の事業家、栗原国起氏が一九七三〜一九七四年頃、買い取ったという。栗原氏は政治的な意図は全くなく、多くの購入希望者の中から純粋に島を愛し、保護してくれる人物ということで栗原氏が指名されたようで、大金を積まれても島を譲る気持ちはないようだ。その後、民有地である四島は日本政府が年間約三千万円程度で所有者から毎年借り上げているようだ――。

以上が平成一九年までの状況だが、平成二四年に当時の民主党政権で野田首相の時、石原慎太郎東京都知事が、「尖閣諸島を東京都が買い上げる」意思表示を公表して、結局野田政権の下で尖閣諸島の国有化が実現した。

また、領有権に関しては「一九六八年一〇月、尖閣諸島を揺るがすことになる重大な調査が国連により実施され、その翌年の調査報告では東シナ海海底に大油田の可能性あり」との発表がなされ、尖閣諸島周辺海域もその範囲に含まれるとのことだった。

次いで、この調査発表を受け、台湾・中国が順に尖閣諸島の領有を宣言し、今日に至るまで「棚上げの状態」になっている。

同諸島は爾来歴史的に一貫して我が国の領土たる南西諸島の一部を構成しており、一八九五年五月発効の下関条約第二条に基づき、我が国が清国より割譲を受けた台湾及び澎湖諸島には含まれていない。

従って、サンフランシスコ平和条約においても、尖閣諸島は、同条約第二条に基づき我が国が放棄した領土のうちには含まれず、第三条に基づき南西諸島の一部としてアメリカ合衆国の施政下に置かれ、一九七一年六月一七日署名の「琉球諸島及び大東諸島に関する日米間の協定」（沖縄返還協定）により我が国に施政権が返還された地域の中に含まれている。

以上の事実は、我が国の領土としての尖閣諸島の地位を何よりも明瞭に示している。なお、中国が、尖閣諸島が台湾の一部と考えていなかったことは、サンフランシスコ平和条約第三条に基づき米国の施政下に置かれた地域に同諸島が含まれている事実に対し、従来何ら異議を唱えなかったことからも明らかであり、中国政府の場合も台湾当局の場合も、一九七〇年後半、東シナ海大陸棚の石油開発の動きが表面化するに及び、はじめて尖閣諸島の領有権を問題とするに至ったものである。

国内では、那覇で宝石店を営み油田探索に三〇年間身を投じてきた大見謝恒寿氏、日本石油開発公団、新里景一氏の三者が琉球政府通産局工業課に対して、採掘権の申請件数はそれぞれ、約五〇〇〇、約七〇〇〇、約六〇〇〇件に及んだ。結局大手石油資本は静観の構えを示すことになった。

琉球政府は政府と出願者らの出資で石油開発ＫＫの設立を計画したが頓挫した。

その後、中国が東シナ海の日中国境線付近の海上で海底より石油開発を開始したが、日本側には何の進展も見られない。

＊尖閣諸島に関わる動き

――一九七八年、日本の活動団体が上陸した際、ひとつがいの山羊を放逐し、繁殖した結果、深刻な食害に見舞われ、現在はそれが緊急のものとなり生物学会や環境団体の間で懸念されている。

沖縄の本土復帰以前は、台湾漁夫の不法上陸による濫獲が問題になったが、復帰以降現在まで海上保安庁第一一管区が領海警備に就いていて、不法上陸や海鳥の濫獲は行なわれていないようである。

また、一九七一年、アホウドリが小笠原諸島に続き、南小島にても再確認され、一九八八年にアホウドリの営巣地を確認。小笠原諸島鳥島に続く繁殖地として今後が期待される。久場島、大正島は米軍によって射爆撃演習場に指定されているため、接近、上陸などは難しい。（中略）一九九〇年八月、台湾の聖火リレーを乗せた抗議船二隻が魚釣島周辺の領海内に侵入する事件が発生し、一九九六年六月には日本の国会で「国連海洋法条約及び関連八法案」が成立。同年九月には中国の抗議船が領海内に侵入、活動家数名が海に飛び込み、香港の活動家一名が溺死している。

一九九七年五月現職の国会議員西村慎吾氏及び石原慎太郎氏が魚釣島上陸を計画。当日は、石原氏はサポートに回り、西村氏と地元の仲間市議ら四名が上陸し、視察及び国旗掲揚を行なった。

二〇〇〇年四月二〇日には日本青年社が魚釣島に神社を建設し、二〇〇二年九月一六日には、台湾前総統の李登輝氏が「尖閣諸島は日本の領土である、しかし古くから同海域で操業してきた台湾漁業者にも一定の権益を」などの発言。

二〇〇四年一月には台湾当局が魚釣島を土地登記。そして、同年三月二三日、中国人活動家七名が巡視船の隙をつき魚釣島に上陸、沖縄県警がこれを逮捕。外交判断で七名の起訴は見送られ強制送還された。前年に日本青年社が建てた神社はこの時、中国人の活動家によって破壊された。二〇〇五年二月、以前に日本青年社が建てた灯台を政府が拾得物として所得、魚釣島灯台は日本国所有となりその管理は政府に移管された――。以上抜粋おわり。

また、平成八（一九九六）年八月一八日、尖閣諸島防衛協会会長・恵忠久、副会長・松田昌雄、常任理事・奥茂治　他会員二名により、魚釣島に古賀辰四郎を顕彰する「旧古賀村・顕彰碑」及び終戦直前に米軍機の銃撃により犠牲となった民間人を慰霊する「魚釣島慰霊碑」が建てられた。（一五四～一五七頁参照）

旧古賀村の顕彰碑
二、明治三十年古賀辰四郎
三、旧古賀村では
四、魚釣島の開墾面積 六十町歩余
五、明治四二年、古賀辰四郎右の功績にて藍綬褒章をうく
六、大正八年、中国
政府より感謝状を受く
七、昭和十八年 戦争激化に伴い
本島に上陸し建立す

旧古賀村・顕彰碑

一、　明治十七年、古賀辰四郎魚釣島
　に上陸す
二、　明治三十年　古賀辰四郎　開拓を
開始し、辰四郎、善次父子により開発
事業が行われ、古賀村の発生を見た。
三、　旧古賀村では、鳥羽、鳥糞、燐鉱、
貝殻、べっ甲等の採取、カツオ漁、
カツオ節の製造、植林、開墾を行う
四、魚釣島の開墾面積　六十町歩余、
住民　九十九戸　二百四十八人
五、　明治四二年、古賀辰四郎右の功績
　にて藍綬褒章を受く
六、　大正八年、中国福建省漁民三一名
魚釣島遭難漂着を助け、中華民国
政府により感謝状を受く
七、　大東亜戦争激化に伴い、古賀善次
ら全員引き上げる
(めぐみ忠久史学研究所の提供資料)
尖閣諸島防衛協会　会長　恵　忠久
　副会長　松田　昌雄　常任理事　奥　茂治
他会員三名　　本島に上陸し建立す

魚釣島慰霊碑
一 昭和二十年一一九四五年一 台湾へ疎開中の石垣町民百八十余名を乗せた第一千早丸 第五千早丸 同年七月三日 敵機の銃撃により 魚釣島付近で遭難 沈没 内七五名は 同島にて死亡す
一 旧古賀村の開発に従事中 不幸にして死亡され この地に眠る多くの先人たち
以上の英霊の鎮魂に誠を捧る
平成八年八月十八
尖閣諸島防衛協会 会長 惠 忠久
副会長 松田昌雄
常任理事 惠 茂六
他会員三名、本島に上陸し建立す

魚釣島慰霊碑

一、　昭和二十年（一九四五年）台湾へ疎開中の石垣市民百八十余名を乗せた第一千早丸、第五千早丸が同年七月三日、敵機の銃撃により魚釣り島付近で遭難、沈没、内七五名は同島にて死亡す。

二、　旧古賀村の開発事業に従事中、不幸にして死亡され、この地に眠る多くの先人たち

以上の英霊の鎮魂に誠を捧げる

平成八年八月十八日

尖閣諸島防衛協会　会長　恵　忠久

副会長　松田昌雄

常任理事　奥　茂治

他会員三名　本島に上陸し建立す

以上、尖閣諸島は明治二九（一八九六）年に勅令第一三号により日本国の領土として沖縄県八重山郡石垣町に編入されて以来、一二〇年以上にわたり、主として民間人有志により開発、及び調査が進められてきて、学術調査報告書として貴重な資料としてまとめられる作業が現在も進められている。

にもかかわらず、尖閣諸島の現場では国策により上陸が禁止される一方において、中国の海警船が数隻、連日のように尖閣諸島の日本の領海やその接続水域に侵入している現況である。

永年にわたって民間人が捧げてきた努力に報いるべく、日本政府は日本国領土である尖閣諸島の実効支配を国際社会に示すために、一日も早く毅然とした行動を示していただきたい。

第一二章　サラワク王国最後の白人王

三人のラジャーのうちヴァイナー・ブルックだけがラジャー（王）になるべく育てられたのは興味の惹くところだ。最初のラジャー・ジェームズはまったく偶発的な環境の下でラジャーになり、二代目チャールズは、家族間のケンカのお陰でラジャーの地位が回ってきた。一八七四年九月二六日、生まれるや否や、ヴァイナーは皇子として宣言され、一九一七年五月二四日、チャールズ・ブルックの死後一週間後に、チャールズの遺言に従い、サラワクの王三代目に任命された。正式な任命式は翌年六月二二日に行なわれ、式典には、彼の弟のベトラム王子と新しい王女も英国から到着し、行事の証人として出席した。世界情勢の漠とした動揺の中で、サラワクの人々にとって最後の二九年間である白人王の統治の時代が始まったのである。

＊ヴァイナー・ブルック

ヴァイナー・ブルックは二歳の時にサラワクに来たので、サラワクでは既によく知られた存在であった。数年間、家庭教師についてから、学校教育を終了するために英国に戻った。次回は彼の一二歳の時で、その次は一七歳の時であった。一八九七年、二三歳の時、ラジャーの職員として仕事に就き、その後五、六年間はいくつかの地方在住の役人として勤務した。

一九〇四年五月一二日、国民議会の席で、彼は王位継承者として宣言を受け、チャールズは彼の息子はクチンに在住して、彼の業務を手伝うことを布告した。在外業務を監督する新しい職務は、最高裁判所や最高常任理事会での父親の代理を務めたり、国王の旗や傘を使用する権限を与えられた。一九〇四年以降は、チャールズが英国へ帰国する時はいつでも、息子に国務をすべて任せられるほどに信頼を置いていた。

ヴァイナーはあらゆる意味で親父とは正反対であった。

ハンサムで魅力的でしかも上流社会社交術を身につけた彼は、最初の王と非常によく似ていた。一般に多くの人々の間では、気安い、伝統に捉われない生き方だから、生涯をサラワクに奉仕するという意欲を持ってはいなくて、一度王位にある斬新さが失われたら、彼はサラワクに対する関心もなくなるだろう、と言われていた。車やバイクで走り回るのが好きで、喫煙やそのほか好ましくない珍事をするのが好きであったりして、次第に人々の信頼をなくしていった。

王としての彼は、自分の取り巻きといるのを好み、いくらか部下に対しても謎の人物に写るようで、他の人々からは殆ど自信を持って見られなかった。初期の頃は、付き合うのに楽ではなかったオヤジとの関係は、時には緊張感はあるが満足のゆくものであった。

時がたつにつれ、チャールズでさえも、彼の後継者への信頼性に疑問を抱くようになった。その感情は、ヴァイナーがシルビアと結婚してからよけいに顕著になった。チャールズは義理の娘に対する感情を隠し立てすることもなく、またシルビアも彼に対する感情を隠しはしなかった。

彼女が二度目に会った時、それはサラワクへ彼女がはじめてきた時だが、こう書いている。「結婚式の時に一瞬見ただけだったが、孤高のような存在であることも忘れて、やせこけて近寄り難く、鷲のような鼻で片めがねから雪のように白い髭に水が滴り落ちるような、石のような心を持った厳格なお人であった。」と。

この記述はおそらくいささかの悪意がこめられているが。

シルビアは魅力的な女性であったが、必要な人間関係を構築しようともしなかった。チャールズが彼女を嫌いなのは、多分、彼女の父親のエッシャー卿に対する感情から発しているものだ。

彼らが会った瞬間から、チャールズはその男が嫌いで信頼できないと感じた。彼はチャールズが嫌いなものを好むタイプの人間だった。エッシャー卿は各部署に多くの友人をもつ、影響力の強い人だった。名誉市民で、政治経済界によく知られた裕福な人材で、英国国王の腹心の友であるとも言われている。ヴァイナーがひとたびサラワクで権力を掌握したら、エッシャー卿は彼に対するよう説得するか、または国の商業の発展に強い足がかりを作るような影響力を行使するであろうと、チャールズは納得するようになった。

＊弟ベトラムとの確執

ラジャーが若王子ベトラムに後を継いで欲しいと思っていることは、ヴァイナーも知っていたし、彼の両親とずっと生活をともにしてきて、両親は次男の方をより好んでいることを知っていた。静かで控えめなベトラムは、オヤジほど恐ろしくはなかったが、より性格的な特徴を備えていた。サラワクにいる時はいつでも、殆どの時間を現場で過ごした親父がしたように、平和と静寂さを愛し、原住民と過ごす簡素な生活を愛していた。ベトラムがパーマー議員の一人娘のガーヂスと一九〇四年に結婚した時は、チャールズ王は、この上なく幸福であった。シルビアとの人間関係に比べると、ガーヂスとはすばらしく相性が良かった。彼女が書いている。

「私は王様に尽くした。私の生涯のうちで最も幸せな日々は庭園を散策しながら彼と語り合うことだった」

一九一一年にヴァイナーが結婚してから、王と息子の溝はより深まった。

一九一二年、ヴァイナーとその妻がサラワクに到着後まもなく、王は次のような宣言を発令した。

「我、サラワク王、チャールズ・ブルックは、ここに宣言をする。サラワクの王位継承権者としての次男のベトラムは、皇太子のヴァイナー・ブルックが男性の子孫を残すことができない場合には、彼のサラワク着任時には、王としての敬礼と名誉を受けるだろう。

さらに、将来、サラワクの全住民によって彼は、サラワク王国政府の人間として認められ、サラワク王最高議会の記録に留められるであろう」

ラジャーはヴァイナーを王位継承者から外す明瞭な理由がなかったので、この微妙な計画を思いつき、ヴァイナーは依然として将来の王であるが、弟にもある程度の権限を与えようと計ったのだ。多分、ラジャーが彼の意図をこの宣言をする前に皇太子に説明していれば、結果として起こった問題を回避できただろう。この点では、ラジャーは不手際であった。

その結果、ヴァイナーは困惑し、非常に憤慨した。彼の誇りは傷ついた。


ベトラムの妻ガージスは息子、アントニイを出産した時、チャールズ王は非常に感激しクチンでも喜びに沸いた。ヴァイナーの妻シルヴィアは三人の健康な娘を産んだが、注目はされなかった。王位継承権とは無関係だからだ。

ベトラムが久しぶりにサラワクに戻ってきた一九一二年に、この家族の状況は頂点に達した。ヴァイナーは、ベトラムの着任時に王位継承者が受ける栄誉礼を受けるのは王の命令だと聞いて怒り心頭に発し、咄嗟に王位継承権を剥奪される企みがあることを疑い、彼も妻も感情を抑制できなかった。彼らはその怒りを手紙に認めて王に送ったが、当然ながら後になって後悔した。

王は不本意ながら、ヴァイナーからの弁明を受け入れたが、王は彼の死後にはベトラムは王子としてサラワク統治にできる限り関わるべきだと決意した。

こう考えたのは、偶然にも彼の叔父であるジェームズ・ブルックが退位する時に考えたことと同じであった。彼は、信頼できない人間に生涯の大半を捧げてきた国の行く末を任すことはできなかった。退位を考えたすぐ後に、また死ぬまで王位を守ろうかと考えるのだ。サラワクを留守にするとき、ヴァイナーにサラワク国の支配を任せるのだが、彼が職務を遂行し財政管理も充分できるか定かではなかった。

チャールズ王の三男ハリーはサラワクとはまったく関わりを持たなかった。英国で生活していたが、浪費癖で父を悩ました。結婚して一人息子がいたが、彼の妻は病弱で彼女の医療費にかなりの費用が必要だった。ハリーもその妻も一人息子のジェームズを残したまま、若くして亡くなった。

一九一七年五月一七日、チャールズ・ブルック王が亡くなった。八八歳であった。その一週間後の五月二四日、ヴァイナー・ブルックが第三代目のサラワク王である旨、宣言された。

そのちょうど一年後、新しい王妃（ラニー）がサラワクに着任した。チャールズ王は亡くなったとは言え、簡単には譲れないのは、まだサラワク統治に関して言いたいことがあるからだ。彼が亡くなる前に、最も心配していたことは、英国で暮らしたいと思っていたヴァイナーが王になれば、サラワク国の公金を持ち出してしまうのではないか、ということであった。

だからこそ、サラワク国が二人の息子が共同管理すれば安泰であろうと考えたのだ。ヴァイナーは父の遺言により、サラワク国または政府内の重要な政策の変更はまず弟のベトラムに相談しなければ実行できないのだ。前の王は二人の息子が力を合わせて、一人が国を離れていようと必ずもう一人がいるようにした。ベトラムも兄のラジャーと同様な敬意をもって扱われ振る舞う。こうして二人の兄弟は協調して仕事ができたが、ベトラムが示した提案の多くがラジャーによって無視された。

二人の支配者を持つサラワクは前王のチャールズが統治した時とは同じ状態ではなかった。ヴァイナーは彼の父が望んだように、少なくともサラワクに一年のうち八か月を過ごすこともできず、外遊することが多かった。

彼が王妃ラニーとクチンにいる時は、定期的にアスタナ（王宮）では華やかなパーティーが催された。誰もが新しい王のなりふり構わぬ生活ぶりに納得しているわけではなく、心ある人々は前の王ほど自分の仕事に熱意がこもっていないと感じていた。

＊王位継承問題

王妃はサラワクには関心を持ってはいたが、彼女は歓楽やお祭り騒ぎの方により興味があるように見えた。ベトラムは彼の親父に似ていて人々も彼により親しみを感じた。また人々は彼がチャールズ王と同じ理想を持ち、できる限り国内を仕事で廻ることが好きのようだと感じていた。

西洋人の人口が増えるにつれて、新しく移住してきた夫人たちは王妃の庇護のもと仲良く集うようになり、間もなく排他的なクラブを作るようになった。それは後にラニークラブと呼ばれ、西洋人以外は入会できなかった。ジェームズとチャールズ二人の先代の王たちは、サラワクで行なわれていることを知ったら、墓をひっくり返して怒ったことだろう。

なぜなら彼ら二人に王は「サラワクはサラワクの原住民のものだ」という確固とした態度を表明していたからだ。しかしながら、西洋人の流入人口が増えるにつれて、現地の人々との交流する機会が劇的に減っていった。

今一度、王位継承者について考えねばならない。ヴァイナー王にはもはや男の子は授からないことが明らかであり、彼の親父の遺言に従えば、次の王位継承者はベトラムである。

ベトラムは健康状態が万全ではないので、継承権はその息子のアントニイになる。

もし、ヴァイナー王が弟より先に亡くなれば、ベトラムは自分が王位に就く代わりに彼の息子に譲る可能性がある。想像するに難くないが、そうした場合にヴァイナーは自分の王位を継ぐはずの息子を持たなかったことをどんなにか悔やむだろう。今までの人生の中でずっと両親は自分よりベトラムを可愛がっていたことを知っていたが、今はもうベトラムの息子を継承者にするほかないようだ。

王妃は王よりもっと気が転倒していた。継承者を彼女の娘の一人に、多分長女の息子にしようとしたが無駄であった。

王にはもうアントニイを継承者にするよりほかの選択肢はなかった。しかしそれでも若い継承者を信頼もせず、批判ばかりせざるを得なかった。

一九三六年アントニイ・ブルックはサラワク政府に入り、第三管区の地方官吏として赴任した。間もなくわかったことは、彼は王位継承に関して強い関心を持ち、それを公に表明することを躊躇すべきではないという強い見解を持っていた。そんな強い態度では彼の叔父である王との関係が良好であるはずがなかった。

一九三九年四月九日、アントニイは公式の場で王子に任命された。王子という称号は法的に王位継承者とするものではなかったが、彼は現国王が不在の場合は彼が国務を司り、国王の継承者であることを意味していた。

その数日後にヴァイナーは英国に旅立ちアントニイが国政を担うことになった。

しかし、不幸にも万事がうまくゆかなかった。アントニイの歯に衣を着せぬ物言いは年配の役人の不評を買って、彼らからある種の疑いの目をもって見られた。この時期に退職を表明した幹部職員の中には、総務長官、司法長官がいた。噂では彼らは新政権に対して不信感を抱いていた。サラワク財務長官も不平を漏らしていた。彼らは王子が公金の支出に時々気前が良過ぎると感じた。彼は職員に対して数回彼らの借金を返済するために前払いをしたことがあった。彼の叔父の代理として、彼が適当と考えれば公金でも使えると考えているようだ。

一九三九年九月、ドイツがポーランドに侵攻し、第二次世界大戦が勃発したので、国王はサラワクに戻ったが、その後すぐアントニイは彼の婚約者に会いにクチンを離れた。彼が正式の通告書を国王から受け取ったのは、アテネにいる母親を新婚旅行中に訪問した時であった。その書面には、王子の称号と階級を剥奪するものであった。その理由は「この階級に値する責任感を行使するにまだふさわしくないから」であった。不幸にも、そんな動きはまたサラワクの人々の間に大きな不安な気持ちを抱かせるものだった。それはあの王妃がまた彼女の娘を王位にと画策始めたという噂が広がった。がそんなことが成功するはずがない。

そんな応酬があったにもかかわらず、アントニイはサラワクへ戻り、サリケイの地方官吏に着任した。一九四一年には、国王はサラワクでのブルック王朝一〇〇周年の記念式典の準備に入った。そこでこの機にサラワク国憲法を制定し、その後、絶対権力者からの退位を決意した。

国王とその家族に対する手当及び権力を失うことに対する補償金などに関しては同意書に署名された。これが却って国民の間に、国王は生まれながらの権利を売るものだという噂が広がった。彼はアントニイを王位継承者として指名したが、彼の父、ベトラムはまだ生存中であることを理由にアントニイは拒絶した。確かにベトラムはいまだに法的継承者であり、まだ権利を廃棄していない。

その上でさらにアントニイはラジャーの憲法草案を詳細に批判した書面を送り国王を不快にさせた。最初の見え透いた弁解は、アントニイをサラワク国での職務から解雇することだった。それからヴァイナーは、王位継承権者は弟のベトラムであると宣言した。

ヴァイナーが王位に就いたとき、王位継承についての父チャールズ王の遺言を守ることを宣誓した。そこにはサラワク政府に関するどんな変更に関しても、事前に弟に相談すると記されていた。王子である弟ベトラムはヴァイナーが決定したことに関して事前に相談を受けたことは今までなかった。そしてそのことは王に対する忠誠心からで、自分の胸にしまっておいた。

しかしながら、現状を観るに、国王が父の遺言の王位継承権を変更しようとしていることに同意できなかった。父の遺言によれば、ベトラムは既に次期国王である。ヴァイナーが折衝中の新しい条件によると、彼さえ望めば王位継承者をもっと低い階級のものにする選択肢も可能だ。以前に国王に属していた全権力は、新しい憲法の下では、評議委員会の国王に引き継がれる。評議員会の評議員を任命する権利以外には、何も口出しができなくなる。もし評議委員会に提出された議案が国王によって否決されても、その議案が三度に渡り評議員会に提出されれば、国王はその議案に賛成し裏書する他ない。

その他憲法に記載された条件は、国王が亡くなれば、その後継者は一八八八年の英国との協定書に記載された条項に従って行動する。新しい国王は、摂政としての最高評議会によって一か月以内に宣言されねばならない。もし国王が国内に不在の場合、評議会の国王代理が国王の不在中、国政を運営する官吏を任命できる。この期間中、指名された官吏は国王の全権と特権を行使できる。もし国王が国情に対処できなかったらその時は、最高評議会は彼に代わる別な者を指名できる。

＊ブルック王朝の閉幕

しかし、ベトラムが全面的に抗議したにもかかわらず、ヴァイナーは彼を国王の継承者として公表した。ヴァイナーがつけた条件は、もしベトラムが国王より先に亡くなった時は、新憲法の行政委員会は英国政府にサラワクの王位継承問題について諮問せねばならない。

これらの条件下では、彼の相続は彼の望むように処理できることではなく、彼らの父親の遺言の文言に完全に違反するものだ。二人の先代の王たちが主張の根拠とした最も重要な原則は次のようだ。

「サラワクは我々国民の世襲財産であり、我々の信頼関係に基づいている」

新しい憲法が成功裏に働いたかどうかは分からない。運命というべきか、一九四一年クリスマスの日に、日本軍が侵攻してきてサラワクは戦争に巻き込まれてしまった。

国王はその前にサラワクを脱出でき、オーストラリアにいた一方、ベトラムはロンドンにいた。この重要な時期にサラワクにはブルック王家の人間は誰もいなかった。

四年間にわたる戦争期間中、国中が惨憺たる被害に遭遇した。明らかに復興に掛かる費用は莫大なものになるだろう。

この時期までに、国王は甥（アントニイ）との間にあった齟齬を修復して彼を今一度王子に指名した。それによりサラワクの将来について植民地局と交渉する権限が付与された。サラワクが解放された時、国王はまたも変心して王子を解任し、サラワクの将来については政府に委ねることにした。

さらに国王はサラワク国を英国国王に譲渡する提案をして了承された。王位継承をめぐる国王の不信感がこの決定に至るまでの大きな要因であった。しかし、初代国王がやろうとしたことを彼が実践したに過ぎない、その事実があったので、慰められた。

一八四三年と一八六六年に、ジェームス・ブルックは英国国王にサラワクを差し出すことを提案した。彼の契約条件はただ、サラワクの人々の慣習と宗教に対して敬意を払うことだけであった。その提案は受け入れられなかった。第二代目の国王チャールズはサラワクが自立して繁栄することに幸せを感じていたが、ヴァイナーはサラワクを取り巻く状況があまりに変化してしまったので、もはや自立はできないと考えていた。いずれにせよ、サラワク自身の問題ではないにせよ、サラワクにおけるブルック家の支配は幕を下ろさねばならなかった。ブルック王朝の終焉であった。

第一三章　サラワクへの沖縄移民

＊農業技術者の移民

第一次世界大戦による影響で、国内の米価が高騰し米騒動が勃発した。一九一八年富山県では、主婦たちによるコメの国外輸出に対する反対運動が米屋の襲撃に発展し、全国に広まる気配になった。一九二三年に関東大震災が起き、昭和の御世がはじまると昭和四（一九二九）年の世界大恐慌が起きた。

沖縄では「ソテツ地獄」と呼ばれた不況が続き、庶民はソテツを水で晒して乾燥したものに米を混ぜて炊いたものを食べていた。米の飯が食べることができたのは年に五、六度だったという。前借金と引き換えにまだ一〇歳前後の子供を年季奉公に糸満の漁師の下に出した「糸満売り」が盛んだった。子供たちは、糸満の漁師の下で、素潜りをさせられた。本土の東北地方では娘たちの身売りによって生活を凌いだ。

その頃、伊是名島出身の銘苅正太郎は苦学して医術開業試験に合格して医師免許を取得した。主に東北地方で勤務医として働いた後、東京に戻り、岸病院で耳鼻咽喉科の専門医研修期間中に後藤新平と知り合った。

後藤は岩手県の水沢藩の出身で晩年まで東北弁訛りを使っていた。ちょうど後藤と岸病院の院長の岸一太は台湾時代からの友人であり、また後藤も苦学して医術開業試験に合格した共通の体験があった。そのため、銘苅正太郎は後藤新平の後援により、大正五（一九一七）年には長生病院を開業することができ、病院は後藤新平を囲む支援者たちの集う場ともなった。

土佐出身の金子直吉は依岡省三より一歳下であったが、神戸に出て鈴木商店に入社し、明治三〇年代に台湾の樟脳《しょうのう》事業に参入した。そこで当時台湾の民政長官であった後藤新平と知り合い、後に依岡省三とも知り合うこととなる。また省三の弟の省輔が鈴木商店に入社し、省三の死後は日沙商会を省輔が引き継ぐことにもなり、日沙商会は鈴木商店の傘下に入ることになる。

世界が大恐慌の中、一九二九（昭和四）年四月、プレジデント・リンカーン号でサラワク国王のラジャー三世ヴァイナー・ブルックが日本に到着した。

サラワク国は英国の保護国ではあるが、日本との正式な国交が樹立していないため、国王の接待はすべて日沙商会が行なった。

『依岡省三伝』によると、来日したサラワク国王は日本国内の米作農業を視察した結果、省輔に対してサラワクでの主食であるコメの不足を説明し、日本の米作農業の実状を観て感銘を受けたから、ぜひ米作技術者の派遣をお願いしたいとの要望を伝えた。サラワクでは原住民の主食が米であるが、第一次大戦の時はコメの輸入ができず食糧不足で困窮に陥った。自給自足を目指しているがサラワク国内の原始農法では生産が進まず、ジャワ人や支那人の農家を導入したがみな失敗に終わったということであった。

この話が日沙商会から金子直吉を通じて、後藤新平にそして沖縄出身の銘苅正太郎に伝わったものと思われる（『伊是名村誌』）。

沖縄で衆議院選挙が実現したのは、一九一二（明治四五）年であったが、自由民権運動を起こした謝花昇とともに参政権運動を推し進めた当山久三は、後に転じて「移民の父」と呼ばれ、一八九九年、二七名をハワイに、一九〇三（明治三六）年には自ら移民団を率いてハワイに渡航した。その後は南米、カナダなど各国に移民団を送り、一九〇六年には五〇〇〇名の県民を移民として送り出している。

そのような移民の歴史を背景にした沖縄の人々ではあったが、沖縄の農家の主要作物はサトウキビであり、米作農業は小規模であった。しかし、沖縄の気候はサラワクと似通っていて、人々は粘り強く開墾の経験もあるので、大いに期待されていた。特に沖縄の離島の農民は、琉球王国時代から王府の苛酷な圧政をも「なんくるないさ」（どうってことはないさ）の精神で乗り越えてきた歴史がある。

サラワク国王の要請を受けて、日沙商会はサラワクに調査隊を送った。第一回が昭和四年八月、日本側隊員一一名、サラワク政府役人一名と現地人一〇〇名を加えて、レジャン河上流地域を中心に米作地の選定、鉱物資源の探査を目的に実施された。日沙商会役員二名のほか京都帝国大学の林学博士などの中に、米作技術者として銘苅正太郎の弟の銘苅芳雄が参加していた。その後も第二回を翌年に、第三回調査隊を昭和六年に送った。そして米作地一七六〇エーカーの租借権を得て、総合の租借権面積は五〇〇〇エーカー以上になった（一エーカー＝約一二三〇坪）。

第一回調査隊から帰国した銘苅芳雄氏は東京の自動車会社を辞めて、伊是名島で産業組合の専務理事を務めていた。帰国後、その時の記録を『ボルネオ日誌』に残しており、旧伊平屋島からのサラワクへ行く移民の募集などの実務に中心的な役割を果たした。日沙商会による移民の条件は、一家族に働き手が四名以上いることであった。

一九三二（昭和七）年、沖縄移民一四家族七〇名は、伊平屋村から那覇を経て神戸港から移民輸送用に新造した一万トンの「はわい丸」に乗船した。南米行きの移民団とともにシンガポールまでの旅であった。

一月二五日に神戸を出港し、シンガポールには二月六日に到着し、船待ちのため宿泊した後、クチン行きの汽船「ヴァイナー・ブルック号」で一二日クチンに到着した。

沖縄からの移民が上陸して移動する際に巡査の護衛が付いたが、前年の昭和六（一九三一）年に大陸で満州事変が起きたために、中国系住民が襲うことを当局が警戒したものと思われる。第二回目の沖縄移民は同じ伊平屋島から一〇家族四四名は三月に郷里を出発して、四月一五日にクチンに到着しサマラハン農場に入った。

ところが、それから半年もたたぬ間に移民たちが帰国を希望し、ストライキ状態だとの一報が、移民たちの保証人であった銘苅正太郎のもとに届いた。彼は代理人の弁護士をサラワクに急きょ派遣して日沙商会側を交えて折衝し、銘苅の門中だけでも踏み止まるようにとの説得を続けた。

南洋特有のスコールで種もみがいくら撒いても流されるとか、開墾地に木の根が残っているなどの不平不満があった。その結果、残留する八家族二二名が新たに日沙商会との間に五か年契約を結んだ。それ以外の移民たちは、同年一〇月にサマラハン農場を引き上げることになった。移民の中には全く農業経験もない者もいて、引き上げた移民のうち漁業経験者一九名はシンガポールの漁業会社で職に就いたという。

沖縄の移民がサラワクに入植して半年余りの間に、その八割が引き上げて帰国してしまったので、日沙商会では移民の補充のために北海道の開拓民に期待をかけた。荒れ地の開墾の経験を有しているとの期待であった。主に夕張地区から四家族、三〇名を一九三三（昭和八）年に入植させた。しかし実際に入植したのは開墾地の二世で開墾の経験が全くなかった。

サマラハン農場には残留組の沖縄移民と、新たに入植した北海道移民が混在することになったが、北海道移民は到着早々から不満を漏らし、ストライキのような態度をとり、一年ほどで米作を放棄した。そして、北海道移民はシンガポールの領事宛てに帰国嘆願書を送ったり、邦字新聞に「会社の奴隷は真っ平」などと先に帰国した記事を載せたりした。会社側は止む無く北海道移民全員を解雇し、一九三六（昭和一一）年に帰国させた。

その後も五家族の沖縄移民は踏み止まり、より良質な農地に移り、米作以外には大豆、落花生、タピオカ、野菜作りに励み成果を上げていた。各戸が競い合って郷土への送金していたようであるが、それぞれの事情から契約満了後の昭和一二（一九三七）年一一月に全員引き揚げた。南米などへの移住者と異なり、定住するまでには至らなかった。

移民に関わる詳細については『ボルネオ・サラワク王国の沖縄移民』（望月雅彦著）を参照されたい。

＊マレーシア連邦サラワク州に

サラワク王国は一九四一年末に日本軍の侵攻により占領され、日本が敗戦した一九四五年八月まで日本軍の軍政下に置かれた。その翌月九月にイギリス軍がマレーシア全土に戻ってきた。イギリスは当初、マレーシアを独立させるに当たりマレー連合として、民族構成がマレー系半数、中華系三割、インド系一割の国民に平等な市民権を与える自治体を目指したが、マレー系住民の猛反対によりマラヤ連邦案を提出した。これは長い間マレーに住んだことがない華僑には市民権を与えない案であった。

一九四八年二月、マラヤ連邦は英国連邦諸国の一員の立憲君主国として独立を達成した。

一九六三年、英国の自治領であったシンガポールとマラヤ連邦とボルネオ北部の旧英国領が合併して新たなマレーシア連邦が発足した。マラヤ連邦がシンガポールとだけ合併しなかったのは、そうした場合に中華系住民の割合が多くなり過ぎ、マレー系住民が不利になるからであった。

いずれにせよ、サラワク王国はマレーシア連邦のサラワク州として新たな出発をした。また、シンガポールは一九六五年八月、マレーシア連邦から分離独立して現在に至っている。

同じボルネオ島北部に位置し、サラワク王国に隣接する地域にも明治時代から多くの日本人が渡っており、その足跡の概観だけを辿ってみよう。

*英国領北ボルネオ

ボルネオ北部西側のサラワク王国の海岸沿いに北上すればブルネイ王国になり、さらにその東北部に隣接するのが、英領北ボルネオと呼ばれていた、現在のマレーシア領リバ州である。英領北ボルネオはサンダカンを首府として英政庁が置かれ英国の支配の下に総督が統治していた。

サラワク王国がチャールズ国王の統治下で英国の保護国となったのが一八八八年のことだが、その七年前に北ボルネオは英国の北ボルネオ勅許会社が英国国王より勅許が下されて、支配していた。

その後、サラワクと同じ時期に英領北ボルネオも英国との保護国協定が結ばれた。

五箇条から成る協定は、サラワクと英国との間に結ばれた保護国協定とほぼ同等の内容であった。

北ボルネオに日本人が初めて渡ったのは、明治二〇（一八八七）年代頃には、九州の島原、天草の出稼ぎ女性たちのようで、その足跡はサラワク地方にも広がっている。その後、木材の伐採・輸出、ゴム園やヤシ園などの栽培事業者が進出していた。

そんな中、折田一二が海軍兵学校卒で、日露戦争で日本海海戦の旗艦「三笠」の護衛艦「吾妻」の海軍士官として戦い、第一次大戦では青島攻撃に参加した後、台湾総督府に赴任した。台湾総督の後援で南洋開発組合ができ、英領北ボルネオのタワオに農事試験場や病院を開設して、日本人の海外への進出の支援をしていた。

一九一七（大正六）年、折田は南洋開発組合の中に漁業部を作って漁業の発展策を講じようと呼びかけたのに始まり、タワオ港に漁業部を設けることになった。折田は海軍軍人から漁師に転業することになった。

第一次大戦後の不況の影響で事業縮小を余儀なくされ、組合が廃止された結果、折田自身が引き継ぐ形で再開することになった。海軍時代の知己の紹介で銀行の出資を得ることができ、一九二六（大正一五）年八月、ボルネオ水産公司を立ち上げた。ボルネオ水産公司の主力となったのは、沖縄漁夫で一九二八（昭和三）年頃より、カツオの餌取りを目的に英領北ボルネオに渡ったのは、糸満、渡嘉敷、池間島からの漁師たちであった。本土からはカツオ釣りの土佐出身者もいた。

後に家族も呼び寄せ、女性は缶詰工場やカツオ節削りの女工として働く人も少なくなかった。現地では娯楽が殆どなかったので、会社から留守宅に給料の七割を送金していたとの証言もある。

＊糸満海人（イチマンウミンチュ）

ボルネオ方面から本土周辺海域に至るまで、尖閣諸島の開拓をはじめ沖縄漁民、特に糸満海人の果たした役割は大きい。

上田不二夫著『沖縄の海人』によると、沖縄の漁業における糸満村（現、糸満市）の地位が、他県に例がないほど独占的な位置にある。例えば明治二五（一八九二）年を例にとると、県内の漁業者一〇名中七名は糸満出身者で、また魚種別総漁獲量で一〇種の魚類で県内生産高の半分以上を糸満が占めるという。

また、糸満の持つ漁業技術が卓越して他の漁村への影響が大きく、県内で使われる魚の名称がほぼ糸満方言で占められている。

琉球王府時代、中国との進貢貿易では、水産物では鱶鰭《ふかひれ》、鯣《するめ》、海参《いりこ》が珍重され、糸満漁民による先進的な沖合漁業が成立していた。

一六〇九年、薩摩の侵攻により、薩摩の支配下に属した後、羽地朝秀が摂政に蔡温が三司官に就き、政治の再建に尽くした。が、その政策は水産業者の発展にはつながらず、「勧農政策」であり、農業を中心とした社会の確立を目指した。

蔡温は、この政策の推進者で「農務帳」の公布をはじめとする農本主義政策を実施し、また林業保護政策をとったため漁獲用、運搬用のくり舟製造用の大木の切り出しは禁じられた。明治時代に入っても蔡温以来の、この旧習による林業保護はしばらく変わらず、明治二二（一八八九）年になり、ようやく解禁された。

それまで、県下各地の漁場に漁業の空白地帯が生じ、その間隙をぬって糸満漁業が各地に入漁でき、沖縄漁業の代名詞と化した（『日本における海洋民の総合研究』上　四八頁）。

糸満の人口構成で古い年代に移住してきた人々が漁業に従事しており、一六〇〇年代の中城村、その他は糸満の近隣の村落出身者が多いことから考えると、対中国進貢貿易による需要の増大が関係していると考えられる（上田不二夫著『沖縄の海人』）。

一六七八年以降、清国との進貢船の一年一貢が確立したので、漁村糸満の発展が鱶鰭、鱐、海参など対中貿易の水産物の需要により大きく発展したのは、一七〇〇年代に入ってからのことと想定される（前掲書）。

糸満漁業のさらなる発展は、明治に入って欧米での貝殻の需要（ボタンの原料として）の増大により貝殻採取業、また鮮魚需要の増大を背景とした糸満独自の追い込み網漁業が発達してくる。従来の重い松材より軽量の竹材製サバニ（小型漁船）も建造、漁法の改良、また帆船から漁船の動力運搬への転換などにより、漁場の拡大に進展してゆく。

時代の趨勢と言おうか、明治日本の海外雄飛、領土開拓の精神を実践した、依岡省三、玉置半右衛門、古賀辰四郎たちの活躍した時代に、糸満海人によるミーカガン（水中メガネの一種）の発明の後押しもあり、最盛期を迎えた。

明治三五（一九〇二）年に本土と同じ漁業法が制定され、それまで王府時代の慣例である沿海村落が地元の海を独占的に使用することが改められ、専業漁民である糸満海人にとって有利になった。その二年後、一九〇四年には糸満村立水産補習学校（現在の沖縄水産高校）が創立された。

明治三八（一九〇五）年、日露戦争で勝利した勢いもあってか、鱶鰭を主目的とした糸満遠洋漁業株式会社が設立された。その背景には、明治三〇（一八九七）年に公布された遠洋漁業奨励法があった。

それは当時行き詰っていた我が国の漁業生産を沖合・遠洋漁業の開発によって解決すること、依然として中国向けの海産物貿易が重視されていたことが理由であろう。会社の持ち船として二隻の帆船、第一・第二糸満丸（各八〇トン）が農商務省により建造された。

しかし、この事業は二隻の帆船の相次ぐ座礁、破船という不遇な事態で失敗して、四年後の一九〇九（明治四二）年に会社は解散してしまった。

海外での出漁では、南洋諸島（サイパン、トラック、パラオ諸島など）、ボルネオ・インドネシア及びフィリピン方面へ出漁したのは、日本人漁師一万七六七人中、沖縄人が九一二〇人、そのうち糸満海人は一〇八一人（一九四二年調べ『日本における海洋民御総合研究』より）であった。

この数字は沖縄県人の一二パーセントで少なく見えるが、水産加工及び魚商を含まないし、また明治末から大正末期まで約二〇年間で糸満への寄留民の人口が一一〇人台から一〇倍に達していて、糸満海人の下で修業して技術を身につけた若者たちが沖縄各地へ戻り、地域に貢献する場合などを考えると、糸満漁業の影響の大きさは決して小さくはない。

沖縄県人の南方への出漁は他県に遅れて開始されたが、一九三〇年代には、従業者数及び生産量で圧倒的な地位を確立した。特に鰹漁、追い込み網漁業、高瀬貝採取では沖縄漁民、とりわけ糸満漁民の巧みな漁労技術と低賃金で支配的立場にあった。

糸満漁業の特色は、独自の追い込み網漁や鰹漁をはじめ、漁法や漁具の開発など意欲的な取り組みが見られる。

また他の地域にない慣例として、糸満売り（イチマンウイ）と呼ばれた徒弟制度がある。他県にも一部にはあるが、糸満ほど大掛かりな例はないという。

第一次大戦に伴い、一九二〇（大正八）年八月、日本は国連の委任信託統治領として赤道以北の南太平洋のマーシャル、カロリン、マリアナ群島の統治を委任された。その五年前の日本の占領以後、軍政が大正五年には南洋群島漁業規制を制定し、漁業の管理を始めていた。

その頃から南洋に日本の漁業者が進出していた。この南洋進出の糸満漁業の中心となったのは、糸満売りされた雇い子であった。

琉球では前述したように薩摩侵攻以後、王府の政策により農業振興策がとられ、明治後期でも都市部以外では、九〇パーセントが農業従事者であったため、慢性的な貧困を抱えていた。本土でも東北地方などで娘の身売りがあったように、沖縄では一家を支えるために前借を前提に、一〇歳前後の幼い子供たちを身売りさせた。

女の子は女中奉公や魚売りに、男の子は糸満の漁師の下で、一人前になるまで厳しい訓練をさせられたが、漁師は雇い子でも我が子と同様に扱い、食事も家族と共にした。

一九一九（大正七）年には糸満売りによる寄留民が一二〇〇名を数える。大型の追い込み網漁は明治の末に糸満の中心的漁法となり、より多くの人手を要するようになった。

いずれにせよ、糸満漁業によって糸満売りは貴重な人材資源確保の面があったが、人身売買という側面があるため、戦後昭和三〇年にかけて八重山で糸満売りが摘発され、大きな社会問題となった。その後、駐留米軍による基地経済による生活向上もあり、この慣習は廃止された。

「糸満売り」と並んで糸満漁業を特色づける言葉に「ワタクサー」がある。「私」が訛ったものだろうが、いわば女房の「ヘソクリ」とも言える。

夫が外で仕事に出かけている間、家を支配するのは女の仕事であるのは、古今東西変わらないが、異なるのはその支配権の大小である。

夫《おっと》は「板子一枚下は地獄」と言われるように、不安定な仕事に命を賭けている。女は家事以外にも夫の長期間不在でも家族を養わねばならぬ。

そのために蓄財が欠かせない。糸満の追い込み網漁による多量の小魚を取れるものは、鮮度の高いうちに売り歩く必要があり、客待ちの市場に出せない。勢い、女が自ら鮮魚売りに都市、那覇の客を求め歩くことになる。イチマンアンマーと呼ばれる女行商人は、糸満から軽便鉄道を利用して売り歩いたようである。

売り値は売る側が決め、自分の儲けを差し引いて卸元の漁業者に渡すことで、その利益は公に貯蓄でき、全国的に見ても、農村と比べて糸満女性の地位が高かったと思わせる面がある（上田不二夫著『沖縄の海人』）。

＊英領北ボルネオ移住漁業団

沖縄県水産会はボルネオ水産と提携して一九三六（昭和一一）年、新たに英領北ボルネオ移住漁業団を結成した。その会長には、那覇市に生まれ県の教育界に尽くした後、水産業に転じて県水産会会長の照屋林顕が就任した。

この英領北ボルネオ移住漁業団として、昭和一一年から昭和一六年の間に主に宮古郡、池間島、久松区、佐良浜などから合計して約三〇〇名の乗組員がそれぞれの漁船に分乗してバンギー島やシ・アミル島を拠点に漁業活動を展開した。自前の漁船で獲物はボルネオ水産に売る形態であった。

また同じ時期に缶詰工場の女工として百十数名の少女から三〇歳前後の女性たちが、ボルネオ水産の季節従業員として渡航している。

昭和一六（一九四一）年一二月に、大東亜戦争が勃発すると、オランダ兵により二〇〇名以上の残留邦人が拉致され、オーストラリアの収容所まで移送された。移送中の船の中でオランダ軍兵士から邦人婦女子が暴行されるなど非人道的な扱いを受けたようだ。

戦時中の一九四二（昭和一七）年、皇道産業焼津践団が戦時中の日本軍の南方占領諸地域において、水産業（主に鰹節製造）などに従事することを目的に設立された。有限会社だが、戦時統制下で地場産業のカツオ節製造が打撃を受けた静岡の焼津町が、その活路を日本軍の南方占領地域に求め、さらに南方に焼津村を建設するという理想を持っていた。この皇道産業の下で北ボルネオ水産開発団は本部をサラワク王国の首都クチンに置いた。皇道産業の南進は国策に沿ったもので、多数の沖縄からの漁師が参加していた。

望月雅彦氏の聞き取り調査の当時、衆議院議員の西銘順治氏によると、彼の父上が皇道産業と組んでカツオ漁業をしており、糸満、与那国、石垣、宮古、久高島など広範囲な沖縄からの参加者が多く、奥様も焼津で皇道産業に働いておられたようである。

この方面では漁船で操業中や、移動中に敵機の攻撃に遭って犠牲になった人々も少なくない。クチンの日本人墓地には天草出身の女性たちとともに焼津践団の墓標も眠っている。

ボルネオでの詳細に関しては、聞き取り調査などを行なった労作『ボルネオに渡った沖縄の漁夫と女工』（望月雅彦著）を参照されたい。

＊民族の正と負の歴史

幾人もの天草出身の「からゆきさん」を取材した山崎朋子氏の『サンダカン八番娼館』には天草の悲惨な状況と、彼女たちの生活が克明に描写されている。

また同じ著者の『サンダカンの墓』は東南アジア各地でからゆきさんの足跡を訪ねた作品だが、戦時中の日本軍の行為を偶然知らされることになった経緯が記されている。

当時の北ボルネオに駐留していた英国軍の将官は単身赴任のため、現地では現地妻や「からゆき」さんを身受けするものが多かったという。

日本軍もボルネオでの戦いは戦局を左右するものではなかったために、後方支援の補給が断たれたこともあり、生活が楽ではなく、食糧など現地調達をせざるを得なくなることもあったようだ。

山崎氏は「からゆきさん」の墓を探している途中で、山腹一帯が華人系墓地で、その向かいに高さ五メートルもある巨大な石碑が立ち「一九四五年五月二七日殉難華僑記念碑」と記されてあった。その後、山崎氏が調べ歩いた結果、現地の人の証言もあり、日本人の手に成る三冊の本が見つかった。

　また東南アジア各国の教科書にも日本兵が現地の人々を酷使したり、虐待したりした例の記述がある。シンガポールでは中華系住民を敵性住民として虐殺したこともあった負の歴史が存在する。

　戦後、七か国で行なわれたB・C級裁判では、死刑九三〇人、有期刑三四〇〇人の判決が下り、日本軍将兵が処罰された。A級戦犯を裁いた東京裁判は、でっち上げ証言や、復讐劇など勝者側に偏する一方的な裁判であった。

　B・C級裁判でも同様に信憑性が疑われる事案もあったとはいえ、ある程度の事実はあったとして判決の結果は謙虚に受け止め、後世の我々は、先人の犯した過ちを我々同胞が償ってゆく覚悟を新たにしたい。


　どの民族の歴史にも、程度の差こそあれ、光の部分と、闇の部分、言い換えれば正の歴史と負の歴史とがあるのは当然である。しかし、そのいずれもが事実であって、決して正の歴史が負の歴史を打ち消すのではなく、またその逆でもなく両者が厳然として存在しているのである。

　歴史の光の部分に誇りを持ち、一方において歴史の闇の部分をも謙虚に受け止めて反省し償いを続ける姿勢が、全世界の民族、国家に求められている。

＊すべての宗教は一つに帰す――渋沢栄一

ここまで観てきたように、江戸幕府が鎖国体制に入る前の約八〇年間、日本はスペイン、ポルトガルによるキリスト教の布教攻勢に晒され、特にキリシタン大名の領内では異教徒の神仏として神社、仏閣が破壊され、仏像、仏具などが焼却された。これに対して徳川幕府が日本国を守るためにキリスト教禁教令を発して、バテレンやキリシタンを迫害したのは、当然のことで政治が宗教に関与した好例である。

江戸時代初期の寛文年間、水戸藩などでは寺院の整理、統廃合が行なわれたり、また幕末期の約五〇年間は英仏の執拗で、独善的な押し付けがましいキリスト教布教活動に再び煩わされてきた。明治維新前夜には神仏分離令が発令されて、全国各地で神社側が寺院や仏像を破壊し、貴重な文化財の多くが失われたことは、国家的損失であるばかりでなく、政治が宗教に関して誤った介入をした悪例である。明治元年に公布された神仏判然令の意図を、一般民衆は誤解をして仏教を迫害し、仏像や寺院を破壊する活動に走ったのである。

神道は日本古来の生活慣習であり、宗教というより日本人の生活に浸透しているもので、一方、仏教は外来の宗教ではあるがもはや日本に土着化した宗教である。歴史的に相互に対立したり、融合したりする時期はあったが、「すべてのものに神が宿る」神道と、「すべてのものに仏性が宿る」仏教は本質的には同じとも言える。

神道も仏教もともに、自然崇拝、祖先崇拝、万物平等の思想が根底にある。

最近になって、地球上の温暖化現象が進み、異常気象が世界中で頻発するようになった。我々が住む地球の歴史約四六億年間の過程で、氷河期には地球全体が凍りついた時期と、逆に熱帯化が進み生物が絶滅寸前になった時期とが周期的に繰り返されたとも言われる。

宗教学者の金岡秀友氏は著書『密教の話』の中で、興味ある話を紹介している。

「フランスの宗教学者ルナンは、前世紀の終わりにイエスの有名な伝記を書いた。その中において彼はしばしばイエスを〈人間イエス〉と表現したが、このことは、はからずもヨーロッパキリスト教教会、神学会の大問題となり、彼はコレージュ・ド・フランスのヘブル語主任教授の職を追われるに至った。神の子を人間と見るのは、不信の言葉である、と見られたのである」

そのためにヨーロッパの宗教学者は研究対象として仏教を選ぶようになったというのである。いうまでもなく、仏祖であるお釈迦さまは歴史上の人物であり、人間であるからである。

この点が、神を祖先とする皇室と「山川草木悉皆有仏性」の教えに基づいた我々の信仰である宗教とキリスト教との決定的な相違である。

いずれにせよ、大宇宙の営みは我々人類の測り知れない領域だが、我々が生を受けている地球を自らの手で破壊してはならない。

ここに至り、自然は人間の対極にあるという一神教の思想より、神道、仏教に代表される自然崇拝、自然に調和して生きることが、自然の摂理にかなった人類の進む道であり、改めて、神道、仏教の自然との共生、万物との共存の思想が見直される時期に来ている。

明治の偉人、渋沢栄一は「万教帰一協会」を組織してすべての宗教団体がお互いに理解し合えば、求めるものは同じだ、富士山に登るルートは幾つもあるが、結局は富士山の頂上に辿りつくとして、みな同じだから、縁のあるところを登ってゆけばいい、と説いたと言われる。

地球上に数多の宗教が存在しても求めるものは同じものという観点から理解を進めれば、共存できるはずである。

そのためには、まず、独善的思考、即ち自分の宗教だけが正しい、とする排他的思考を排除し、互いの宗教を理解しようとする努力を続けることである。

江戸幕府初期前後のキリシタン信者たちが日本の国教である神道、仏教を敵視し、神社仏閣を破壊したりさえしなければ、信者に対する迫害も起こり得なかったであろう。

大東亜戦争敗戦後の占領期に占領軍司令部が発令した神道指令は、日本の宗教である神道に対する無知と偏見から、他民族に民族固有の宗教を禁じた言語道断な行為であるとともに、重大な国際法違反であることを思い起し、歴史の教訓としたい。

戦後の日本は、宗教教団が政党をもち、政権与党として政治参画しながら「政教分離」を叫ぶのは自己欺瞞も甚だしく、世迷いのたわごとに過ぎない。

例えば、昔の戦国武将たち、上杉謙信、武田信玄は法名を持ち仏教に帰依して、戦いに臨んでは神社仏閣に戦勝祈願をしていた。また、政治権力者の徳川家康でさえ、天海僧正に御仏の教えを仰いでいた。

宗教は人間社会から隔絶したものであってはならない。

人間社会の秩序は道徳心により保たれるが、人間は弱い者だから道徳を守れない場合は、規律や罰則を伴った法律をつくって秩序を保つ必要性が出てくる。

その司法の場でも解決策が得られない場合は、宗教の叡智を仰ぐ他ない。

しかし、宗教指導者は権力を握ることなく、あくまでも宗教的権威として国家の相談役的立場に留まり、政治的権力と宗教的権威とが調和のとれた国家運営に資することが望ましい。

世界は歴史上の失敗を他山の石となし、全世界の諸宗教間および国家間の相互理解を推し進めるべく、諸宗教の指導者たちはその先頭に立って全世界を導く使命があるはずである。

あとがき

ちょうど、原稿の最終章「あとがき」を書いている時だった。

靖国神社社報の令和元年一二月一日号が届いた。毎号執筆者が代わる随筆欄に、今回は「英霊の思いを受け継ぐとは」と題して葛城奈海さんの記事が掲載された。

パラオのペリリュー島で玉砕した中川州男《くにお》大佐率いる日本軍に関してだが、ペリリュー島にはペリリュー神社が今でも美しい姿で残されているという。

地元の人々が欠かさず手入れをしてくれているからだ。そこには敵国米軍の将ミニッツ提督の言葉を刻んだ碑があり、

「諸国から訪れた旅人たちよ、この島を守るために、日本軍人がいかに勇敢に愛国心をもって戦い、玉砕したかを伝えられよ」と刻まれている。

パラオの人々が数十年を経た現在でも、ペリリュー神社の手入れをして下さり、敵将さえをも感服させた日本軍の生き様を讃える碑が、当地を訪れる世界中の人々に真実を伝えてくれる、何とありがたいことだろうか。

心から感謝申し上げたい。

また、ふと思う。これはパラオの人々にとっては、正か負か、どちらの遺産になるのだろうか。

弱肉強食の西洋流植民地支配が常態化していた時代に、自らの私財をつぎ込んでも原住民の福祉に捧げたブルック王家は、世界に稀有な存在であり、その歴史は正の遺産である。

赤道に近いボルネオ近海から南半球を北上し、関東沖まで回流する黒潮の文化圏に属する、小笠原諸島や大東島、尖閣諸島を開拓した人々をはじめ、多くの先人たちの努力のお蔭で今の日本の有り様があることに対して感謝の誠を捧げたい。

また、参考資料にさせていただいた先人たちの業績に敬意と感謝の意を捧げます。また、尖閣諸島に関しては、資料編纂会の国吉真古様より資料とともに貴重な助言までいただき、感謝申し上げます

令和二年　師走

【参考文献】

本書執筆のために、引用及び参考にさせていただきました文献の著作者の皆さまに改めて御礼を申し上げます。

衣岡省三伝　岡成志著　日沙商会
キリシタンの世紀　高瀬弘一郎著　岩波書店
南蛮のバテレン　松田毅一著　朝文社
天皇とキリシタン禁制　村井早苗著
Grimpse From Sarawak Past　Joan Lo　Agas Parerbacks
南大東島開拓百周年記念誌
南大東村誌　南大東島役場
伊是名島村史　伊是名島村役場
沖縄はいつから日本なのか　中村　覚著　ハート出版
ボルネオ・サラワク王国の沖縄移民　望月雅彦著
ボルネオに渡った沖縄の漁夫と女工　望月雅彦著
尖閣研究（全七巻）　尖閣諸島文献資料編纂会
尖閣諸島盛衰記　尖閣諸島文献資料編纂会
尖閣諸島日本領有の正当性　牧野　清・仲間　均著
密教の話　金岡秀友著
沖縄世論二〇〇七年　閣文社
サンダカン八番娼館・サンダカンの墓　山崎朋子著
沖縄の海人　上田不二夫著　沖縄タイムス社
日本における海洋民の総合研究　中楯興編著　九州大学出版会
月刊「致知」
糸満漁業の展開構造　市川英雄著　沖縄タイムズ社

【著者紹介】
有馬光正（ありま・こうせい）
昭和20年、長野県松本市生まれ。東北大学工学部卒業。
建設会社勤務後、アフリカ、東南アジア各地で国際協力事業に従事。
平成15年より沖縄にて自営業。
平成17年より「南島志報」主宰。靖国神社崇敬奉賛会会員。
著書：「八紘一宇が日本を救う」、「皇室は日本国の礎」（元就出版社）

ボルネオから琉球へ

2021年5月13日　第1刷発行

著　者　有馬光正

発行者　濵　正史

発行所　株式会社元就《げんしゅう》出版社

〒171-0022 東京都豊島区南池袋4-20-9
サンロードビル2F-B
電話 03-3986-7736　FAX 03-3987-2580
振替 00120-3-31078

装　幀　クリエイティブ・コンセプト

印刷所　中央精版印刷株式会社

※乱丁本・落丁本はお取り替えいたします。

ISBN978-4-86106-268-1　C0021

有馬光正

八紘一宇が日本を救う

再生日本への提言　自主独立国家・日本のための方策

今こそ占領下体制への決別を！　そして戦勝国史観から脱却しなければならない。その第一歩は現憲法を破棄し、日本独自の自主憲法の制定だ。

■1500円＋税

有馬光正

皇室は日本国の礎

今上陛下の靖国神社ご親拝を

昭和の敗戦後の日本は、占領軍による一方的に過度な伝統文化の破壊や西洋化が進み、日本の崩壊が進行した結果、恥も屈辱も忘れた平和ボケ状態になっている。それが今の日本の姿だ。

■1500円＋税